Emil Zopfi

Die Stunden im Fels

Texte vom Klettern

D1704984

GS-Verlag Zürich

© 1989 by GS-Verlag Zürich Gute Schriften,
Wiesenstrasse 48, 8703 Erlenbach/ZH
Aufnahme für den Umschlag: Herbert Maeder
Druck: Ott Verlag + Druck AG, Thun
Einband: Schumacher AG, Schmitten und Bern
ISBN 3-7185-6067-4

Inhaltsverzeichnis

Biwaknacht

1976

Als sie gegen Abend den Gipfel erreichen, fällt dichter Nebel herein. Kalte schwarze Ballen kriechen von den Südabstürzen herauf.

Graupelkörner schlagen ihnen ins Gesicht. Und es ist klar: Sie werden den Abstieg nicht mehr finden. Auf dem langen, flachen Geröllrücken, der sich gegen die Südabstürze hinunterzieht, gibt es keinerlei Orientierungspunkte. Und der erste Abseilhaken für den Abstieg durch die Wand ist irgendwo in einer steilen Rinne versteckt.

Sie wechseln kaum ein Wort. Eine Wandstufe klettern sie ab. Feucht und glitschig ist das Gestein. Dann irren sie weiter über Geröllfelder, über steile Felsplatten, über immer steilere Scheehänge.

Hinunter! –

Ein winziges Stück Hoffnung gibt es immer –

Der Junge gleitet einmal aus –

Sie sind jetzt am Rand der Abstürze, durch die es nur einen einzigen Abseilpfad gibt. Und jetzt ist es Nacht.

Der Ältere bleibt stehen. Der Strahl seiner Stirnlampe stochert in die grundlose, neblige Tiefe hinein. Nichts –

«Wir müssen biwakieren», sagt er.

«Biwakieren?» Der Junge leuchtet in die Runde. Nur schwarze, nasse Felsplatten. Ein winziger Absatz. Ein Fleck Schnee. Und die grausige Tiefe da unten.

«Hier?»

Der Ältere nickt.

«Hier.»

Dann beginnen sie sich einzurichten. Schlagen Sicherungshaken zwischen die splittrigen Platten. Schichten aus Steinbrocken eine Schutzmauer auf. Verstopfen die Löcher mit Schnee. Es ist gut zu arbeiten. Man vergißt die Kälte, die über den naßgeschwitzten Rücken hochkriecht. Man vergißt den Hunger. Man vergißt vieles –

Jetzt werden sie warten, denkt der Ältere. Spätestens gegen acht bin ich zurück, habe ich ihr gesagt. Und jetzt ist neun Uhr. Vielleicht hat sie den Tisch schon wieder abgeräumt und die Kinder ins Bett geschickt. Und nun? Ich weiß nicht, was sie machen wird, wenn ich nicht komme. Ich bin doch noch nie ausgeblieben in all den Jahren, noch nie.

Und ausgerechnet jetzt –

Warum bin ich überhaupt auf diese verdammte Tour gegangen?

Warum?

Emil Zopfi   Die Stunden im Fels

Für Ralf und Hedi
aus den Bergen
Obstalden, Sept. 80
Emil Zopfi

Eine halbe Tafel Schokolade, ein Stück Salami, das ist der letzte Proviant. Kauend hocken sie auf den Seilen, die der Ältere sorgfältig ausgelegt hat. Die Füße stecken in den leeren Rucksäcken. Dem einzigen Kälteschutz, den sie dabeihaben.

«Ist es dein erstes Biwak?» fragt der Ältere nach einer Weile. «Ja», antwortet der Junge. Und kauert sich zusammen. Drückt die Fäuste zwischen die Oberschenkel. Aber das hilft wenig. Kälteschauer jagen über seinen Rücken. Er ist verschwitzt. Durchnäßt. Beißt die Zähne mit aller Gewalt zusammen, damit sie nicht klappern. Der andere soll nicht denken, daß er ein Anfänger ist, weil er zum ersten Mal biwakiert. Es gibt große Bergsteiger, die kaum je biwakiert haben. Das hat er gelesen. Höchstens auf den ganz großen Routen biwakieren die. Und die hat er alle noch vor. Ja – die hat er alle noch vor, obwohl er sie schon ganz genau kennt. Aus Büchern, Zeitschriften. Aus Tagträumen, wenn er an der Fräsmaschine steht –

«Frierst du?» fragt der Ältere. «Du könnstest noch etwas Zeitungspapier haben. Ist nicht das Schlechteste, wenn man nichts anderes hat. An der Marmolada damals, als uns ein Gewitter überraschte, hatten wir auch nichts anderes...»

«Ich halt's schon aus.» Gibt der Junge zurück.

«Es ist erst halb zehn. Und nach Mitternacht wird der Nebel bestimmt aufreißen. Dann kommt die Kälte erst richtig.»

Der Junge antwortet nicht. Und wenn nun der Nebel nicht aufreißt, fällt dem Älteren ein. Selbst am Tag finden wir den Abseilhaken nie in dieser Suppe. Unmöglich...

Ich hätte mich genauer erkundigen sollen. Aber ich bin einfach nicht mehr bei der Sache. Früher hätte man alle Möglichkeiten und Schliche gewußt. Vielleicht gibt es noch andere Routen als über den Abbruch. Aber nun – Nun sitzen wir hier ohne Biwakausrüstung, und am Ende bin ich verantwortlich.

«Ich habe die Route eigentlich unterschätzt», sagt er in die Nacht hinein. Mehr zu sich selber als zum Jungen. «Weißt du. Früher, als ich noch mit Karl gegangen bin, da wäre das ein kleiner Fisch gewesen. Aber jetzt, wo ich nur noch selten zum Klettern komme...»

Früher, denkt der Junge. Früher... Immer kommen sie damit. Mit ihren ‹großen Zeiten›, verdammt nochmal. Und man weiß ja nie, ob überhaupt alles stimmt, was die erzählen. Bonattipfeiler. Große Zinne-Direttissima, Lauperroute am Eiger. Das kann man ja alles nachlesen. Und dann groß daherreden. Früher...

Seine Hände beginnen scheußlich zu brennen. Als ob sie in einem Glühofen stecken würden. Er hat sich am rauhen Hochgebirgskalk die Fingerbeeren wundgerissen. Und vom Ein- und

Ausschlagen der Haken hat er Handrücken und Knöchel aufgeschürft. Ja, das ist eine schwierige Tour gewesen. Ein blanker Sechser, hat sein Kollege immer wieder gesagt. Unerhört schwierig… Und nun kommt ihm der Tag, den sie in der glatten Pfeilerwand verbracht haben, schon wie ein ferner, ein unwirklicher Traum vor. Wie jene Wachträume, die ihm die Tage, die Wochen und Monate an der Fräsmaschine verkürzen… Wie sind die Stunden in den grauweißen Kalkplatten verträpfelt. Da hingen sie. Wie mitten in einem mächtigen Hohlspiegel. Und wenn man den Kopf zurückbeugte, um das Ziel – den Gipfel – irgendwo zu erahnen, dann wurde man geblendet, daß Fels, Himmel und Gedanken nur so durcheinanderflimmerten.

Quälend war es, wie das Ziel nie näherrückte. Wie der Gipfel unfaßbar blieb.

Manchmal war es ihm vorgekommen, als hätte sein ganzes Leben nur aus dieser Wand bestanden. Der Einstieg war so fern und der Gipfel so weit – und ihr Weg durch diese Wand so sinnlos – bis ihn jener plötzliche Donnerschlag aus seinen Träumereien aufweckte. Eine schwarze Wand über den Gipfeln auf der anderen Talseite. Spitzige Wolkenzungen stachen daraus herab. Donner rollte heran. Das war etwas Neues, das alle anderen Gedanken wegdrängte. Angst. Angst…

Ob die früher, als die ihre großen Touren gemacht haben, auch Angst hatten? Ich müßte ihn fragen, denkt der Junge. Vielleicht ist es eine dumme Frage. Aber ich muß das unbedingt wissen. In den Büchern steht wenig davon. Ich könnte ihn jetzt fragen. Er muß es ja wissen: Darf ein großer Bergsteiger Angst haben?

Aber er fragt nicht. Der Nebel hängt plötzlich so schwer zwischen ihnen. Eine dicke, undurchdringbare Mauer.

«Mit Karl bin ich schon mal am Einstieg gewesen», sagt der Ältere in den Nebel hinein, «vor bald zehn Jahren. Wir wollten die zweite Begehung der Route machen.»

«So», antwortet es aus dem Dunkel. «Mit Karl...»

«Ja, mit Karl Huber. Aber den hast du wohl nicht mehr gekannt. Mir ist damals schlecht geworden am Einstieg. Und drei Wochen später...»

Der Ältere redet nicht mehr weiter. Seine Zunge ist plötzlich so dick und trocken. Würgt ihn im Hals. Die Feldflasche – Aber die ist doch schon lange leer. Seit jenem Stand vor den Ausstiegsrissen. Er knetet ein Stück Schnee zusammen. Steckt es in den Mund. Einen lauen, ekligen Geschmack hat das Wasser, und Sand gerät ihm zwischen die Zähne.

Warum ich nur diese verdammte Tour machen mußte, fällt ihm wieder ein. Warum? Weil sie mir in all den Jahren im Kopf herum gerollt ist. Ein «letztes Problem», das wir damals nicht mehr bewältigt hatten, Karl und ich. Ach Quatsch! Hast du nicht unterscheiden gelernt zwischen den wirklichen Problemen und denen, die man erfindet... zur Ablenkung? Am Freitag Abend bist du einfach abgehauen zu Hause. Hast dich wieder einmal – zum wievielten Mal schon? – mit Susanna gestritten, weil du nicht willst, daß der Älteste zu den Pfadfindern geht. Ein Problem? Schließlich bist du im Club gelandet. Weiß der Kuckuck warum. In den letzten Jahren hat dich das immer angeödet. Immer freitags der Club –

Man hat ein paar Bier getrunken. Von früher geredet –

Und als einer fragt: Wer ist denn noch frei fürs Wochenende? Da sagst du einfach: Ich. Klar. Warum nicht wiedermal. Wiedermal weg. Weg von allem –

«Und drei Wochen später?» fragt der Junge und denkt dabei: jetzt frißt der schon Schnee. Dabei habe ich doch gelesen...

«Was hast du gefragt?»

«Was aus jenem Karl Huber geworden ist, von dem du erzählt hast, eben.»

«Karl? Ach so – drei Wochen später ist er um-
gekommen. Erfroren. Am Peutereygrat.»

Karl Huber? Erfroren am Peutereygrat? Nie
gehört. Der Junge rutscht unruhig auf den Seilen
herum. Sie drücken. Von Isolation keine Spur.
Eiskalt kriecht es von unten herauf. Beine, Ge-
säß, Kreuz, alles ist schon steif. Erfroren am
Peutereygrat! Dabei sollte ich doch alle großen
Bergsteiger aus unserer Stadt kennen. Es wird ja
so viel berichtet im Club. Auch von früher...
Mag sein, daß es vor zehn Jahren mal einen Karl
Huber gegeben hat. Zehn Jahre sind eine lange
Zeit. Da kann auch ein ganz Berühmter verges-
sen gehen...

Er zieht seine Beine an. Umklammert sie mit
beiden Armen und stützt den Kopf auf die Knie.
So ist ihm einen Augenblick etwas wärmer –

Frag' doch jenen dort, hat ihm am Freitag im
Klub einer geflüstert, als er einen Kollegen suchte fürs Wochenende. Das ist mal einer der ganz
Großen gewesen. Und der Ältere hatte, zu seinem Erstaunen, zugesagt. Und auch gleich den
Pfeiler vorgeschlagen. Das schaffen wir schon,
hatte er gelacht. Und ihm eins auf die Achseln
gehauen. Kein Problem, der Pfeiler – er war
etwas angetrunken gewesen, der Ältere –

Schon die erste Seillänge hatte ihnen zu schaffen gemacht. Von einem brüchigen Pfeilerkopf
ging's in die glatten Platten hinaus. Hochge-

14

birgskalk. Abwärtsgeschichtet und stumpf. Man brachte praktisch keine Haken in den kompakten Fels hinein –

Zwei Stunden brauchten sie allein für die erste Seillänge. Und anschließend hatte ihn der Ältere gebeten voranzuklettern. Er folge dann mit dem schweren Rucksack nach und schlage die Haken aus.

«Ich trage den Rucksack und du die Verantwortung», hatte er gelacht. Aber das hatte auf dem winzigen Absatz ziemlich falsch geklungen – Er war also vorausgeklettert: Risse, mit gelben Überhängen durchsetzt. Aalglatte Platten, über die man sich gelegentlich nur noch mit Hilfe eines dürren Grasbüschels hinaufschwindeln konnte... Haken waren nur spärlich vorhanden und um einen neuen zu schlagen, mußte er immer zwei, dreimal ansetzen. Und die Sonne brannte erbarmungslos in den grauen Hohlspiegel der Pfeilerwand – Man gewöhnte sich mit der Zeit an den Fels. Wurde aber auch immer schlaffer. Und die Stunden quälten sich dahin...

Jetzt kauert er zusammengekrümmt neben dem Älteren. Zittert vor Kälte. Vor Schmerz in den Gliedern. Und damit die Zeit vergeht, versucht er sich Seillänge um Seillänge nochmals vorzustellen. Jeden Stand. Jeden Haken. Aber es will ihm nicht gelingen. Irgendwo sind Löcher in der Erinnerung. Die einzelnen Bilder wollen sich

15

nicht zu einem Ganzen fügen. Da ist jener Holz-
keil mit der Drahtschlinge. Der Quergang unter
den überhängenden Riß – Und dann ist da nur
noch das Flimmern der Sonne, die sich in dem
riesigen Hohlspiegel verfängt und die brennt
und brennt –

Jetzt steht er auf einer Platte. Klammert sich
an winzige Leisten. Abschüssige Höcker. Er tastet
sich hinüber. Da drüben, weit drüben ist ein
Tritt. Da müssen Griffe sein. Ein Haken vielleicht... Es geht. Ja – es geht. Und dann sind die
Füße weg. Der Abgrund schwebt ihm entgegen.
Geröllhalden. Moränengrate. Weit unten im
blauen Dunst das Tal – Und da ist kein Ruck, der
den Sturz aufhält. Nichts. Gar nichts –

Er schläft, denkt der Ältere. Er sieht die Gestalt
vornübergebeugt in den Sicherungsseilen hängen. Horcht. Regelmäßige Atemzüge. Mitternacht –
Ob es heller geworden ist? Oder ob ich mich
nur an die Dunkelheit gewöhnt habe? Er glaubt,
die Felsblöcke im Umkreis zu erkennen. Hingekauerte, frierende Gestalten, von denen sie sich
kaum unterscheiden. Sie sind ein Stück Berg geworden, nichts weiter.

War da nicht ein Geräusch? Stimmen? –
Nichts –
Und doch. Hoch über ihnen das ferne, dump-

fe Dröhnen einer Verkehrsmaschine. Dann kann die Nebeldecke nicht mehr dick sein.

Und jetzt sitzt er dort oben in weichen Polstern. Musik plätschert um seine Ohren «Fährt ein weißes Schiff nach Hongkong», ja...

Die schlanke Frau beugt sich zu ihm herab, daß die Spitzen ihrer Haare seine Handrücken berühren. Eben hat er noch durchs Fenster hinausgeschaut über das unendliche Meer von Nebel, unter dem die Gebirge versunken sind. Und wo in der Ferne, hinter Wellen, der letzte Schimmer der Sonne verglimmt. Hongkong...

Die Frau fragt nach seinen Wünschen. Matte, seltsame Augen hat sie.

Wohin fliegen wir denn, flüstert er ihr zu. Und sie beugt sich an sein Ohr. Irgendwohin. Fort. Einfach fort – weg –

Wie oft wollte er schon weg, einfach weg? Als er mit dem Jungen diese Tour verabredet hat vielleicht auch? Davonlaufen. Flüchten...

Es gibt viele Arten zu flüchten. Ob sie jetzt auf ihn wartet und sich ängstigt? Was sie wohl den Kindern erzählt hat? Ich hab' ihr mal versprochen, keine extremen Touren mehr zu machen. Aber das ist lange her. Damals hat er selber geglaubt: Jetzt ist Schluß. Endgültig. Nur noch kleine Sachen. Zum Ausgleich. Der Freund, mit dem er alle großen Touren gemacht hat, war tot. Und die Zeiten hatten ihre Forderungen gestellt:

eines Nachts war er heimgekommen von einer langen Klettertour. Die Straßen in seiner Stadt waren verstopft. Demonstranten, Polizei. Viel Polizei. Er stellte seinen Wagen ab. Stieg aus. Wurde in einen Zusammenstoß verwickelt. Bekam Knüppelschläge ab. Schlug zurück. Instinktiv. Und so hart, wie er einige Stunden vorher noch Haken in irgendeine Wand getrieben hatte –

Zwei Tage Untersuchungshaft. Ein Urteil: Gewalt und Drohung gegen Beamte ... Man mußte sich entscheiden. Konnte nicht mehr in Felswänden herumturnen, wenn es da unten in den Straßen kochte. Wenn grundsätzliche Widersprüche aufgebrochen waren. Er hatte sich umgesehen. Freunde gefunden. Genossen – und es schien ihm, dem großen bekannten Bergsteiger, als habe er eine neue Welt entdeckt. Ein Gebirge: steil, zerklüftet, von Stürmen gepeitscht. Und darin mußte man sich nun zurechtfinden. Man mußte erst wieder gehen lernen. Schritt für Schritt, und dann klettern ... Es war eine schöne Zeit gewesen. Er hatte auch Susanna, seine Frau, kennengelernt. Zusammen waren sie durch die Straßen gezogen –

Aber das liegt alles schon wieder Jahre zurück –

Ob sie sich wohl ängstigt? Bestimmt wird sie die Polizei anrufen, morgen früh, oder direkt die Rettungskolonne. Sie werden uns suchen kommen, wenn dieser Nebel nicht aufreißt. Aber er wird aufreißen, sagt er leise zu sich selber. Er muß aufreißen. Und dann werde ich den Jungen wecken, damit er sich bewegt. Sonst erfriert er mir etwas. Ich habe den Fehler auch gemacht. Er spürt plötzlich ein heftiges Stechen in den Zehen, an denen er seit jenem Schneesturm in der Lauperroute keine Nägel mehr hat.

Der Junge schläft nicht. In seinem Kopf kreisen Gedanken. Bilder, die er halten möchte, die aber gleich wieder zerfallen –

Agnes, mit der er vor drei Wochen auf einer Clubtour am Seil gewesen ist. Gletschhorn-Südgrat –

Sie hatte lange, silbrig lackierte Fingernägel gehabt. Und keinen einzigen davon abgebrochen. Ein Naturtalent also, denkt er, wie sie klettert –

Dabei ist es ihre erste Tour gewesen. Er mußte ihr beim Anseilen helfen –

Und auf dem Gipfel hatte sie ihn geküßt. Nicht einfach so, nein. «Mein Bergführer», hatte sie zu ihm gesagt, und ihn richtig geküßt. Heute abend hat sie ihn erwartet. In ihrer Wohnung. Agnes ist Sekretärin. Er versucht sich den Abend vorzustellen. Wie er natürlich vom Pfeiler berichtet hätte. Ein blanker Sechser... Und wie ihn der berühmte Bergsteiger vorausgeschickt hatte...

Aber auch dieses Bild zerfällt. Da ist der Donnerschlag, der ihn in die Risse vor dem Vorgipfel zurückwirft. Da ist die Angst –

Er war auf einer glatten Platte ausgeglitten. Gependelt –

Jetzt stieg wieder der Ältere voraus. Unglaublich, wie er die aalglatten Risse überwand. Weit draußen im Spreizschritt, elegant. Und dann wieder tief im Grund, mit Fäusten und Knieen. Man spürte plötzlich, daß er ein Meister gewesen war. Und dann das Gewitter. Die Graupelschauer. Angst –

Ob jener auch Angst hatte? Man merkte ihm nichts an. Nicht einmal in der verschneiten Gipfelwand, als schon der Nebel hereinfiel. Er redet überhaupt nicht viel, der Andere. Aber so sind sie, die Großen. Sie reden wenig. Sie sind verschlossen. Um ihre ewige Angst zu verstecken vielleicht.

Der Ältere schüttelt den Jungen –

«Was ist?»

«Du muß dich bewegen. Es wird kälter.»

Der Junge brummt nur. «Es geht schon.»

Aber er beginnt ebenfalls, Beine und Arme von sich zu strecken und wieder anzuziehen. Es hilft wenig –

«Ich habe eben gemeint, ich sehe ein Stück Sternenhimmel», sagt der Ältere. «Paß mal gut auf.»

Der Junge sieht nichts. Nur die schwarze Nebelwand. Und Umrisse von Felsbrocken, die wie hingekauerte Menschen aussehen.

«Ich hab noch zwei Zigaretten», sagt der Ältere. «Komm. Nimm eine...»

Drei Uhr morgens. Zwei glimmende Punkte im Schweigen. Man ist sich nahe. Und doch hängt eine halbe Welt zwischen einem.

«Ein Stern, dort...»

«Nichts –»

Seltsam, denkt der Junge. Was hat er wohl mit seinen Sternen? Hoch oben dröhnt eine Verkehrsmaschine.

«Ich bin noch nie geflogen», sagt der Junge. Denn das Schweigen ist ihm plötzlich unerträglich. Er möchte reden... irgendetwas...

«Viertel nach Drei. Es hätte längst aufreißen müssen.» Der Ältere würgt die Wörter hervor. «Wenn es nicht aufreißt, finden wir den Abstieg nie. Und dann...»

Jetzt hat er Angst. Das spürt der Junge. Ja, auch die, die ganz Großen haben Angst. Das ist beruhigend. Und dann... Jener Donnerschlag in der Wand hat ihn erschreckt. Aber jetzt. Jetzt ist er ganz ruhig. Ich habe ja nichts zu verlieren. Nicht wie der Andere. Familie, Karriere. Es wird einfach heißen: Erfroren an diesem Pfeiler. Bergsteigerschicksal... Und Agnes? Es ist nicht das Gleiche wie beim Andern. «Klettert deine Frau eigentlich auch?» fragt er. Der Ältere schweigt lange. Dann antwortet er. «Ja. Früher ist sie gelegentlich mitgegangen. Früher…»

«Ich würde nie eine Frau heiraten, die nicht klettert.»

«Das habe ich auch einmal gedacht. Aber dann…»

«Dann?»

Wieder schweigt er. Dann endlich sagt er nur: «Man ändert sich.»

Kann man sich denn so ändern, daß einem das Klettern nichts mehr bedeutet? denkt der Junge. Er ist noch Lehrling. Und die ganze Woche durch, während er an seiner Fräsmaschine steht, hat er nur eines im Kopf: Er hängt in einer Wand. Hört Haken ins Gestein singen. Sieht die Sonnenstrahlen, die sich auf den metallgrauen Platten brechen wie in riesigen Spiegeln –

Kann es Menschen geben, die das nicht fasziniert? Die dann einfach eines Tages sagen können: Man ändert sich.

«Willst du noch etwas Zeitung?» fragt der Ältere und reicht ihm den Rest hinüber.

«Um die Füsse vielleicht…»

Die Kälte hat zugenommen. Hat sich in die Haut gebissen, ins Fleisch hineingewühlt und steckt nun in den Knochen.

«Ein Stern!»

«Wirklich?»

Hoch oben, dort wo er eben noch gewesen ist mit seinen Gedanken. Als er weg wollte – weg – irgendwohin – dort leuchtet wäßrig und matt ein Planet. Es reißt auf, denkt er. Hergottnochmal. Das war aber höchste Zeit...

Sein Kopf fällt nach vorn auf die Knie. Er umklammert die angezogenen Beine, faltet dabei die Hände zusammen.

Ein Dankgebet? Ach, Unsinn. Früher hat er manchmal gebetet auf Touren. An der Lauperroute in jenem fürchterlichen Schneesturm. Heimlich, daß es Karl nicht bemerkte. Aber seit jenem Sommer, als sich alles änderte, betet er nicht mehr.

Er denkt an Susanna. Wie sie jetzt in ihrem Bett liegt. Unruhig und voller Angst. Er möchte sich zu ihr legen. Sie umfassen, wie er das immer macht, wenn er in der Nacht heimkommt. Er möchte seinen Kopf in ihren Nacken legen und flüstern: Ich bin wieder da, Susanna. Da bin ich wieder...

Es gibt viele Arten zu flüchten. Aber nur eine, wieder zurückzukehren ins Leben. In die Wirklichkeit –

Hoch oben dröhnt eine Verkehrsmaschine. Er hebt den Kopf. Sieht einen grauen, zerfaserten Kondensstreifen durch den dunkelvioletten Morgenhimmel ziehen. Daneben verblassen Sterne. Eine schmale Mondsichel hängt über dem schwarzgezackten Horizont.

Wo ist der Junge?

Der Ältere ist eingenickt. Nun ist er steif. Durch und durch kalt. Und die Kleider knistern. Sie sind eingefroren.

Der Junge …

Tief unten, über dem Abbruch fließt der Nebel. Ein unendlicher Strom. Die Kronen seiner Wellen sind rosa überzogen. Im Osten glimmt Licht auf. Er hört einen Stein fallen –

Weit drüben auf einem Absatz eine Gestalt.

Der Junge! Er winkt und schwenkt seine Arme. Dann zeigt er ins Nebelmeer hinab.

Dort. Dort geht es hinunter.

Nie mehr allein

1977

Als Martin am Morgen hinuntersteigt, ist alles ruhig. Totenstill ist es in der Hütte, von draußen fällt Dämmerlicht durch die blinden Scheiben herein. Er reißt ein Fenster auf. Dicker feuchter Nebel hängt über den Alpweiden. Auf dem Tisch liegen Reste herum, ein zerbrochenes Glas, in den Herdlöchern stehen ungewaschene Pfannen, auf dem rußigen Sims steht die Flasche, die Gwerder am Abend nach dem Essen herabgeholt und ihm daraus einen Schwall in den Kaffee geschüttet hat: «Da, sauf. Selbstgebrannter, s'reut mich nicht. Akademiker saufen doch auch, hab ich mal gehört, oder stimmt's nicht, Doktor.» Nun ist die Flasche leer. Eine zweite steht angebrochen auf dem Tisch. Er hat also nicht geträumt.

Sieht das verrunzelte, von schwarzen Brandspuren übersäte Gesicht des Alten wieder vor sich, seine gierige Bewegung, wenn er zur Flasche greift, zittrig eingießt, danebenschüttet, flucht.

«Akademiker bist du, so, so. Ein Doktor willst du werden. So ein Wortverdreher, so ein Halsabschneider.» Grollendes, heiseres Gelächter war aus ihm hervorgebrochen. Er hatte sich verschluckt, gehustet.

«Da wird man wohl Herr zu dir sagen müssen, oder Herr Doktor...» Dann hatte er zu toben begonnen. «Herr Doktor, ja, ja. Einer von denen also. Einer von den Halunken, die mich ins Loch geworfen haben. Fünf Jahre. Fünf Jahre, die Schweine.»

Martin greift angewidert nach einer Pfanne, säubert sie, macht Feuer, kocht sich einen Tee auf, würgt ein Stück Brot hinunter. Dann stopft er seine Sachen in den Rucksack. Alles; er will im Abstieg nicht nochmals an der Hütte vorbei, will eine weitere Begegnung mit dem Hirten vermeiden, der ihn mit seinem grenzenlosen Haß gegen «Jene», die Akademiker, Advokaten, Doktoren überschüttet hat. Dabei ist er ja gar kein Doktor. Noch nicht, jedenfalls. Student ist er, Jus allerdings, im vierten Semester. Mitglied des Akademischen Kletterklubs «Bergfalken», eine Gilde, wo auch getrunken wird, natürlich, wenn die Altherren kommen, ihre blauen Scheine springen lassen und dann von ihren vergessenen Heldentaten prahlen. Irgendwie hat er das immer verabscheut, aber weil Pierre, sein Kletterkamerad und Pate, im Klub immer mitmacht, konnte er nicht anders. Er tritt vor die Hütte, in den feuchten Nebel hinaus, beginnt zu steigen, langsam, der Kopf brummt, aber bald geht es besser und die Alp liegt hinter ihm, verschluckt vom stumpfen Grau des Nebels.

Den Weg zu den Wänden hinauf würde er mit geschlossenen Augen finden: Nach der Weide über den Grat einer alten, bewachsenen Moräne ansteigen, eine steile Rinne hinan, die zwischen Felskanten hochzieht in die Scharte, von der es dann hinuntergeht in die Schlucht, zum Einstieg. Was er zum Klettern nicht braucht, stopft er in der Scharte unter einen Felsblock, wo sie schon immer ihr Material deponiert haben, denkt dabei: Wie oft ich da schon hochgestiegen bin? Wohl hundertmal. Er versucht nachzuzählen, aber es gelingt ihm nicht. Hundertmal müssen es sein und neunundneunzig Mal davon mit Pierre. Einmal mit einem Mädchen, sonst immer mit Pierre. Er steigt ab, trifft im Grund der Schlucht auf Schnee. Ein Lawinenzug, die Knollen hart zusammengepreßt und glasig gefroren. Mit bloßen Händen krallt er sich ein, kommt höher. Eine Felsstufe, nicht steil, aber von einer schwarzen, glitschigen Schicht überzogen. Er steigt hastig. Gleitet einmal mit den Füßen weg. Fängt sich auf. Schaut hinab. Zehn Meter unter ihm sieht der steile Hartschnee schon flach aus. Zehn Meter genügen, fällt ihm ein. Ohne Sicherung.

«Langsam», sagt er vor sich hin. Wartet. Haucht die kalten Hände an. «Langsam. Ich hab ja Zeit.» Und dabei fällt ihm gleich wieder ein, daß er ja noch nie allein geklettert ist. In der Nacht, als ihn der Alphirt aus dem Schlaf geschreckt hatte, er sich dann wälzte, sich die Ohren zuhielt, um das Gebrüll des Betrunkenen nicht anhören zu müssen, rollte ihm dieser Gedanke schon im Kopf herum und brachte ihn vollends um den Schlaf.

Allein.

Morgen wirst du allein sein am Pfeiler. Vor ein paar Jahren, kurz nachdem sie sich kennengelernt hatten, waren sie zusammen an der Route gewesen. Pierre hatte geführt, und er war alles hintennachgestiegen, hatte damals die schwierige Kletterei als einen seltsam schwerelosen Traum empfunden. Der Fels war an ihm vorbeigezogen wie ein Film. Farbe, Geräusch, Bewegung. Und es war ihm, als bewege sich nicht er, sondern die Wand, die schneeweiße Horizontlinie senkrecht oben, der Himmel, alles.

In der vergangenen Nacht waren ihm plötzlich Einzelheiten in den Sinn gekommen. Er erinnerte sich an Haken, Standplätze, an Griffe und Tritte, an eine Sanduhr, wo Pierre eine Schlinge gelegt hatte, an die glatte Platte vor der großen Verschneidung, wo Pierre plötzlich ausgeglitten, gependelt und er ihn gehalten hatte. Den kleinen Zwischenfall hatten beide längst vergessen. Wenn er schlaflos lag, hatte er versucht, die ganze Route Tritt für Tritt, Griff für Griff durchzuklettern. Es war ihm beinahe gelungen, bis zur gelben Verschneidung, der Schlüsselstelle, war er gekommen, hatte dort in Trittschlingen gehangen, das Quergangsseil über die glatte Platte war weg, und vor ihm öffnete sich der mächtige, überhängende, grifflose Schlund – Angst hatte ihn gepackt. Er wollte umkehren, aber der Rückzug über die Platte war abgeschnitten.

Martin ist rasch gestiegen. Leichte, schuttbedeckte Felsplatten, eine weitere Steilstufe, dann: Ende. Der Einstieg. Er setzt sich auf einen Felsblock. Atmet schwer. Dann beugt er sich über die Schuhe, beginnt die Schnüre festzuziehen. Langsam. Sorgfältig. Dann holt er das Seil aus dem Klettersack, öffnet den Knoten und läßt Schlinge um Schlinge durch seine Hände gleiten, um den Drall auszuglätten. Seine Bewegungen sind langsam, beherrscht. Den Atem hält er zurück, das beruhigt.

Dann seilt er sich an. So wie schon hundertmal, wenn Pierre sich am anderen Ende festband. Genau gleich wie damals, als er ihn, den Anfänger, mitgenommen hatte. Jetzt ist ihm, als sei es gestern gewesen. «Ob ich's schaffe?» hatte er immer wieder gefragt, und gezweifelt.   «Natürlich wirst du's schaffen.» Pierre lachte. Stopfte sich seelenruhig seine Pfeife, stocherte dann mit einem Haken im Tabak herum und fluchte über den Wind, der sich in der engen Schlucht verfing

und dessen Wirbel ihm immer wieder die Streich-
hölzer ausbliesen. «Natürlich wirst du's schaffen.
Mußt an dich glauben. Und zudem, ich steige ja
voran. Brauchst nur dem Seilende nachzuklettern.»
«Und der Quergang?» fragte er ängstlich.
«Der Quergang? Kein Problem. Da häng ich
ein Seil ein und du fährst hinüber wie auf der
Gondelbahn.»

Er ist ausgerüstet. Zögert. Sucht mit den Augen
die graue Wand ab, die sich über den Einstieg
hinauswölbt. Zwischen schwarzen Flecken, die
mit Flechten bewachsen sind, zieht sich ein Riß
in die Höhe. Der berüchtigte Einstiegsriß.
Er beugt den Nacken zurück. Sieht wenig. Nur
das verwirrende Flechtenmuster, das die Wand
überzieht. Aber er weiß: Der Riß gabelt sich
nach einer halben Seillänge. Der rechte Ast führt
über den Überhang. An seinem Ende sind einige
Haken. Dann legt sich der Fels etwas zurück.
Mußt an dich glauben, hat Pierre damals gesagt.
Und er hat doch immer nur an Pierre geglaubt.
Ist immer nachgestiegen, dem Seilende nach,
wie Pierre das nannte. Er beginnt das Seil, das
noch im Geröll liegt, um seinen Körper zu
schlingen. Überlegt, wie er sich allein sichern
könnte. Denkt an einen Seilring, von Haken zu
Haken, wie er das schon in Büchern berühmter
Alleingänger gelesen hat.

30

«Nein, ich muß den Riß frei klettern», sagt er laut. «Der Riß ist der Prüfstein. Wenn ich den Riß schaffe, bin ich oben.»

Und der Quergang? fällt ihm gleich wieder ein. Aber er schiebt den Gedanken weg. Bis zum Quergang ist es noch weit. An den will er erst wieder denken, wenn er dort oben ist. Wenn er den Riß geschafft hat. Erst kommt jetzt der Riß.

Mit einer heftigen Bewegung greift er ins Seil, schlingt es um den Oberkörper. Die Haken und Karabiner, die er sich umgehängt hat, klirren leise. Das metallische Geräusch feuert ihn an: Du bist doch nicht allein. Das Material ist da, komplett, geduldig. Ohne Freund ist der Pfeiler vielleicht zu machen. Ohne Material niemals.

Ein Knall, hoch über ihm. Irgendwo hat sich ein Stein gelöst, prallt gegen die Wände der Schlucht, zersplittert. Er duckt sich. Böse surrend regnen Splitter vorbei, schlagen unten ins Geröll. Ist jemand dort oben? «Hallooo», brüllt er. Zittert noch vom Schreck.

«Hallooo», antworten die Wände dumpf, «jaooo». Niemand, oder?

Er horcht angestrengt. Ein Tier vielleicht?

Nichts. Also los.

Der Riß ist erst leicht. Breit genug, um sich mit dem ganzen Körper hineinzuzwängen und sich am flechtenbewachsenen Fels höherzuarbeiten.

31

Ein erster Haken, wo der Spalt enger wird, sich gabelt. Er hängt einen Karabiner ein. Zieht das Seil durch, fühlt sich gleich besser, obwohl Pierre nicht am Stand ist und sichert. Das Gefühl, eingehängt zu haben, das Geräusch des zuschnappenden Karabiners genügt ihm, sich zu beruhigen. Ein guter Haken, denkt er. Ich könnte auch abseilen dran. Zwanzig Meter bis zum Einstieg, Seil abziehen, die Schlucht hinab, und kein Mensch wird je von deiner idiotischen Idee, diesen Pfeiler allein zu klettern, erfahren. Während er sich am Haken hält und hinausbeugt, den Weiterweg nach Griffen und Tritten absucht, nach einer Möglichkeit zum nächsten Haken, der fünf, nein, fast zehn Meter höher im schmalen Ast des Rißes steckt, denkt er: Abseilen und heim! Und am Wochenende kommst du mit Pierre zurück und führst ihn da hoch, alles voran, aber gesichert.

«Aber nein», sagt er ins Leere hinaus, spuckt dann hinab. «Pierre ist ja weg. Hat den Blinden genommen: In Urlaub gefahren ans Meer. Mit einem Mädchen.»

Und jetzt werden die irgendwo auf einer besonnten Terrasse sitzen, hoch über dem Strand, herben Salzwind im Gesicht, Yvonnes Haare wirbeln auf wie die Brandung da unten, werden Kaffee trinken, frische Hörnchen mit Butter und Bienenhonig futtern, herrgottnochmal. Und die

Nacht, die sie hinter sich haben. Bei offenem Fenster sind sie gelegen, haben sich umarmt, und da draußen, da war das Meer und die Lichter von Fischerbooten in der Bucht und dazwischen die silberne Straße, die der Mond aufs Wasser zeichnet.

Das ist Pierre. So wie er ihn bewundert und beneidet. Immer glücklicher, besser, weiter. Und er, Martin, hängt allein an dem engen Spalt, in dem nur noch die Fäuste Platz finden, die Füße irgendwo im Leeren, klammert sich an Schuppen. Ein zertretenes Grasbüschel, ein Meter noch bis zum Haken, ein Meter zwischen ihm und der Welt. Und er wünscht sich, daß Pierre da unten am Stand stehen und hinaufrufen würde: «Was ist denn los dort oben, was scharrst du. Ist doch ganz leicht, oder?»

Aber Pierre beißt jetzt gerade in ein frisches, warmes, duftendes Hörnchen, dort unten am Meer, er weiß es, und er hat das Seil zwischen den Zähnen, es würgt ihn eklig, aber es muß sein. Und er hält einen Karabiner in der Linken, streckt sich.

Sieht Pierres Grinsen.

Streckt sich nochmals zittrig.

Weiß nicht, ob die Füße halten, und – eingeschnappt. Seil drin. Hineingreifen, mit beiden Händen Zug und mit den Füßen wegstemmen vom Fels. Der Haken ist schlecht, biegt sich durch, aber er hängt, er nestelt nervös einen Steigbügel aus der Hosentasche, schüttelt das Gespinst. Es entrollt sich, schlägt mit metallischem Klirren gegen die Wand.

Und er hat den Riß geschafft. Rasch steigt er höher. Es geht.

Er klettert an Standhaken vorbei, läßt Seillänge um Seillänge unter sich. Die Wand wird wieder steil, erscheint ihm aber griffig. Ein Doppelriß, fünfter Grad wohl, macht ihm nicht die geringste Mühe. So ungeheuer leicht wird ihm plötzlich zumute. Sichern? Einhängen? Wozu denn?

«Der Einstiegsriß war der Prüfstein, wirklich. Nun werde ich es schaffen.»

Weiter.

Und er erinnert sich, wie er damals im Doppelriß steckengeblieben ist. Einfach falsch drinhing, bis Pierre lachend von oben herabrief: «So mach schon. Nimm die Finger raus. Ich geb dir Zug, dann ist's kein Problem mehr.» Pierre, der alle Schwierigkeiten spielerisch überwand. Und so ist das immer gewesen: Pierre voran und er hinten nach. Im Fels und auch drunten, im Tal, wie die Bergsteiger das nennen. Pierre schaffte alles spielend. Hatte im Frühjahr sein Lizenziat in Publizistik gemacht und hatte gleich ein feines Pöstchen an einer großen Tageszeitung ergattert, dank glänzender Abschlüsse und dem

Umstand, daß das Blatt Robbins, einem der dicken Altherren im Klub, gehörte. Nun redete er von einer journalistischen Karriere, erst einmal Sport und Lokales, dann Ausland, USA oder Naher Osten, schrieb nebenbei noch an einer Diss und war selbstverständlich ständig unterwegs im Gebirge. Und er? Er quälte sich immer noch in den unteren Semestern herum. Opferte die schönsten Sommerwochen und Herbstsonntage für Prüfungen und Seminararbeiten. Und fiel dann trotzdem durch. Auch in den vergangenen Tagen hatte er gebüffelt. Bis es ihm aushängte. Gestern waren die Bücher in eine Ecke geflogen. Er hatte Pierre angerufen.

«Nein, tut mir leid, Martin. Pierre ist weg. Ist doch ans Meer gefahren. Mit Yvonne.»

«Dann geh ich halt allein», hatte er trotzig vor sich hingemurmelt und hatte den Rucksack gepackt.

Fertig.

Über ihm nur noch überhängende, glatte Wulste. Grausplittriger Fels. Ein fußbreiter Absatz. Zwei Haken. Ein Steigbügel hinein. Sein Atem fliegt. Er ist viel zu rasch gestiegen, wollte hinauf, nur immer hinauf. Und nun blickt er zum ersten Mal zurück. Unter seinen Füßen bricht die Wand ab. Zwei, drei Seillängen, dann wird sie vom Nebel verschluckt, und es ist, als sei er da aus dem Nichts heraufgekommen. Bestimmt ist er schon höher als die Scharte, wo er seine Sachen zurück gelassen hat. Er schaut hinüber. Ein grauer Film, der sich über alles gelegt hat, der alle Geräusche verschluckt. Nein. Irgendwo, tief unten, rauscht Schmelzwasser. Es ist also wärmer geworden. Irgendwoher dringt ein langgezogener, klagender Ton zu ihm herauf. Der Hirt? Die Nacht ist ihm schon wieder so fern wie ein fast vergessener, böser Traum.

Sie hatten ihn gewarnt im Tal, in der Wirtschaft, wo sie immer einkehren, bevor sie zu den Wänden hochsteigen.

«Du, geh nicht allein auf die Alp. Gwerder, der Hirt, ist oben, du weißt doch. Ein Zuchthäusler. Säuft Tag und Nacht seinen Selbstgebrannten und wird gewalttätig...»

«Ach was», er hatte sich nicht um das Geschwätz gekümmert.

«Paß auf. Gwerder ist lange gesessen. Wegen Totschlag.»

Er ist trotzdem zur Alp hochgestiegen. Allein. Er konnte doch nicht schon im Wirtshaus umkehren.

Der Quergang.

Damals hatte Pierre ein Geländerseil gespannt, und er war einfach an einem Karabiner hinübergefahren. Als er jetzt das Seil in den Standhaken einzieht, merkt er, daß seine Hände zittern. «Ich bin aus dem Tritt geraten», sagt er vor sich hin. «Gleich bin ich wieder drin.» Und er denkt: Warum mußte ich hier nur stehenbleiben. Wäre ich doch nur gleich weitergestiegen. Und ihm ist, als hätte ihn die Vergangenheit – Pierre, die schlechte Nacht, Gwerder, die Bücher – als hätte ihn alles wieder eingeholt und gelähmt.

Zittrig tritt er auf die steile, glatte Platte hinaus, die nach zehn Metern in der gelben Verschneidung endet. Ein Tritt.

Weit draußen ein Haken.

Er beugt sich hinüber, sucht Griffe. Das Doppelseil spannt, drängt ihn von der Wand weg. Hier ist Pierre damals ausgeglitten, gependelt, und er hat ihn gehalten, genau an dieser Stelle. Pierre ist gleich wieder los und dann wie ein Wiesel hinüber. Sie haben nie ein Wort verloren darüber. Martin ist wieder beim Stand. Seine Beine zittern heftig. Er klammert sich an die beiden Haken, lehnt den Kopf auf einen Arm.

Aus, denkt er. Ich komme nicht hinüber. Aus. Jetzt hinab. Zum Glück hat es Nebel, so sieht mich niemand. Er ist plötzlich froh um den Nebel, der die Sicht von der Scharte herüber verdeckt. Er kann abseilen, ohne sich lächerlich zu machen. Und dieser Gedanke beruhigt ihn wieder. Er hängt beide Steigbügel ein. Sichert sich. Holt vorsichtig den Rucksack vom Rücken und hängt ihn an. Sucht unter Schlingen und Karabinern das Stoffsäcklein mit dem Proviant hervor, beißt ein Stück Brot ab und etwas Wurst dazu. Er kaut langsam, den Kopf immer noch aufgestützt. Schließt die Augen. Sieht Pierre einen verlassenen Sandstrand entlangschreiten, mit verbeulten Konservendosen Fußball spielen, sieht das Aufwallen von Yvonnes Haaren in einem Windstoß, ihr strahlendes, volles Lachen, als er ihr nacheilt, sie erhascht, in seine Arme schließt. – Er hört seine Stimme: «Natürlich wirst du's schaffen, Martin. Ich steig ja voran. Brauchst nur dem Seilende nachzuklettern. Ich geb dir Zug. Ich, ich...»

«Pierre», schreit Martin auf. «Pierre. Pierre». Immer er, er, er – und schlägt dabei mit der flachen Hand wütend auf den Fels.

«Pierre. Und ich? Ich mach schlapp. Immer zweiter. Immer hintendrein. Immer.» Er erschrickt ob seiner Stimme. Wie Gwerder hat er geschrieen. «Die, die, die... und ich?» Aber es hat ihn beruhigt. Er hat seine Angst in den Nebel geschrieen, und nun schwingt er den Sack mit einem Ruck auf den Rücken. Löst die Sicherung und sagt dabei leise, aber bestimmt: «Ich werd' es schaffen. Ich, Martin Hotz, werde diesen Pfeiler als erster Mensch im Alleingang durchklettern. Ich.»

Er ist wieder auf der Platte. Sie kommt ihm weniger steil vor als eben. Und es hat Griffe.

Winzige, feste Absätze und Leisten. Ein Haken, unter eine Schuppe geschlagen, wird mit dem Hammer bearbeitet. Es klingt dumpf. Aber der Haken muß halten, es gibt keine andere Möglichkeit. Ein Tritt. Die glattgeschliffene Kante. Den Haken dahinter, das weiß er, kann man ertasten. Ja, er ist noch da. Dann öffnet sich die Verschneidung. Hängt oben gewaltig über. Und schon sieht er die Haken, die da hinaufführen, einer hinter dem anderen aufgereiht, die den Schlund begehbar machen und an denen er sich nun irgendwie in die Höhe arbeiten wird. «Und ich schaffe es.» Er freut sich auf die Schwierigkeiten, ist wieder im Tritt und weiß, daß es nun nicht mehr schlimmer kommen kann. Und wenn ich durchkomme?, fährt ihm plötzlich in den Kopf. Wer wird mir dann glauben, daß ich diesen Pfeiler im Alleingang geschafft habe. Pierre? Pierre bestimmt nicht. Er wird mich auslachen. An die Stirn tippen: «Du hast wohl durchgedreht, Martin. Den Pfeiler.

Allein.»

«Aber sie müssen es glauben, sie müssen», ruft er triumphierend. Streckt sich. Hängt einen Steigbügel in den Haken hinter der Kante. Steigt mit einem Fuß hinüber. Ist in der Verschneidung drin und beginnt das Quergangsseil abzuziehen. Es kommt. Sein Ende wirbelt über die Platte hinunter, hängt im Leeren. Jetzt gibt es kein Zurück mehr.

«Und sie müssen es glauben.» Natürlich. Er lacht. Nach der Verschneidung ist doch das Wandbuch deponiert. Auf einer Kanzel. Das weiß er doch von früher. Voll von berühmten Namen. Er wird sich eintragen. Schwarz auf weiß wird dort der Beweis stehen, in seiner bescheidenen, sauberen Schrift: Martin Hotz, Akademischer Kletterklub Bergfalken, erster Alleingang.

«Und wer es nicht glaubt, der kann nachschaun gehn, jawohl.»

Sein nervöses Lachen klingt dumpf in dem Schlund. Dann konzentriert er sich ganz auf die Kletterei. Kommt langsam, sehr langsam höher. Feinsplittrig, gelb ist der Fels. Winzig, abgegriffen, unsicher Griffe und Tritte. Manchmal zerbröckeln sie unter den Fingern. Aber die Haken sind zahlreich und gut. Er steigt fünfzehn, zwanzig Meter hoch, läßt das Seil eingeklinkt, steigt von einem sicheren Haken wieder zurück, klinkt alle Karabiner aus und hangelt am Schluß wieder am Seil hinauf. So ist die Kletterei fast wie zu zweit. Er beginnt zu pfeifen.

I like to be in America. Er singt. Und es hallt von den Wänden, es ist, als hätte sich die dumpfe, neblige Schwere etwas gelockert, als sei sie transparenter geworden, als müsse gleich die Sonne durchbrechen. So macht Klettern Spaß, denkt er. Zeit haben. Keine Hetze. Kein: «Komm schon, mach endlich, ich geb dir Zug, was ist denn schon wieder, nimm doch die Finger raus».

Zeit. Alleinsein. Alles zurücklassen da unten. Sein eigener Herr und Meister werden.

Die Sicherungstechnik funktioniert immer besser. Dann erreicht er den höchsten Punkt der Verschneidung, direkt unter den Dächern. Eine schmale Leiste zieht rechts hinaus. Eine abgespaltene Schuppe führt höher. Soll er sie ohne Sicherung überwinden? Er steigt etwas zurück. Müßte noch einen Haken schlagen. Nein.

Die Schuppe angepackt, ungesichert. Dann ist er auf der Kanzel.

Er wirft den Rucksack hin. Sucht die Messingbüchse, die unter Geröllbrocken versteckt ist. Zieht sie hervor, reißt den Deckel weg, greift nach dem Buch.

Nichts.

Er dreht die Büchse um. Das Wandbuch ist weg. Verschwunden. Vielleicht von jemandem fallengelassen. All die berühmten Namen und Daten weg, irgendwo in der Schlucht unten, von Mäusen zernagt.

Minutenlang steht er da, atmet schwer, starrt in die Nebelwand hinaus. Wenn sie doch aufreißen würde. Damit mich jemand von der Scharte her sieht. Irgend jemand. Aber es reißt nicht auf, natürlich nicht. Und er bleibt allein.

Rufen, schreien, fährt ihm in den Kopf. «Hallooo, Hallooo.»

«Verdammter, verfluchter Nebel.» Er nimmt einen Felsbrocken, stößt ihn über die Wand. Aber selbst sein Krachen tönt, als ob man einen Kieselstein in eine ölige Masse plumpsen ließe.

Träg rollt er das Seil auf, packt Karabiner in den Rucksack. Der schwierigste Teil der Route ist überwunden. Und so steigt er endlich langsam, langsam weiter, und es kommt ihm vor, als wolle sich die Kante bis ins Unendliche fortsetzen, als wolle sie ihn nicht mehr freigeben und ihn zwingen, ein Leben lang da hochzusteigen, allein, gefangen. Endlich, die Ausstiegsrisse. Nochmals hängt er Steigbügel ein, die Haken prüft er nicht mehr. Alles ist ihm egal. Eine dumpfe Gleichgültigkeit umfängt ihn, und seine Gedanken sind weg, weit weg.

Jetzt werden sie irgendwo gegessen haben, denkt er. In so einer verschlafenen Spelunke, wo es unsaubere Teller und herrliches Essen gibt. Wein dazu aus Karaffen, dunkelrot wie Blut, Kaffee und Gebäck, Käse und wieder Wein. Sie sitzen, schwimmen satt in ihrem Glück, er wird von seinen Zukunftsplänen reden, dann von den

Bergen natürlich, von seinen großen Taten erzählen, alles wiederholen, was er schon hundertmal zum Besten gegeben hat, er, der sich so gerne reden hört und dem alle zuhören, wenn er nur den Mund aufmacht.

Dann erreicht Martin die Grasbänder. Die Grasbüschel, die zwischen Geröllbrocken hervorstechen, gelb und borstig, sind feucht. Der Nebel hat sich in winzigen, kugeligen Tropfen abgesetzt, er taucht sein heißes Gesicht hinein, es ist kühl, erfrischend, riecht würzig. Dann setzt er sich hin, legt den Sack ab, zieht den Helm aus und starrt wieder in den Nebel hinaus. Läßt die Gedanken in seinem Kopf durcheinanderfallen, läßt die Vergangenheit, die ihm hinterhergekrochen ist, die er abschütteln wollte, wieder über sich hinwegrollen, läßt sich hineinsinken in alles, was da gewesen ist.
Man kann diese Dinge nicht ändern, auch durch Heldentaten nicht.
«Pfeiler, erster Alleingang durch Martin Hotz, am ...» Er sagt das leise vor sich hin, und es verschafft ihm kein Gefühl der Befriedigung.
Nichts.
Er hat die Route gemeistert, alle Schwierigkeiten, seine Angst, und doch. Nichts, nichts hat sich geändert. Weder für ihn noch für andere. Er hat ja nicht einmal einen Beweis, lächerlich ...
Wegen diesem verdammten Buch.

«Und wenn ich einen Beweis hätte, was dann?»
Er weist den Gedanken von sich. Was soll's denn?

Hat schon Pierres Lachen im Ohr: «Erzähl das
doch deiner Oma, du… den Pfeiler… allein…
du…»

«Ja, ich.»

«Ich werde niemandem davon erzählen»,
schreit er trotzig. «Niemandem.» Dann packt er
zusammen, quert über die Grasbänder hinaus,
gegen eine Rinne, die steil zur Scharte hinunter-
führt. Drei Seillängen bis zum Gipfel schenkt er
sich – wozu die noch machen – die Tour gilt
ohnehin nichts, also auch der Gipfel nicht.

Nebel.

Steile, nasse Grasstufen, die Vorsicht verlan-
gen. Achtlos eilt er hinab. Hinab, nach Hause,
hinter die Bücher. Die Scharte. Seine Sachen
unter dem Felsblock. Weiter.

Dann plötzlich bleibt er erschrocken stehen.
Eine Gestalt taucht auf in der Rinne, keucht
langsam herauf, dumpfe Flüche ausstoßend. Es
ist Gwerder, der Alphirt.

Furchtbar röchelt und pfeift der Alte, sein Gesicht ist blaurot verfärbt vor Anstrengung, dann
stolpert er über sein steifes Bein, flucht, bemerkt
endlich Martin und fuchtelt mit einem Stock.

«He, du hier, Doktor. Wo kommst du her?»

«War ein bißchen klettern.»

«He, du, ein Schaf ist mir weg. Gestern schon. Hast du was gesehen?»

«Nein, nichts.»

«Hast wohl keine Augen im Kopf. Hier irgendwo muß es sein. Auf einem Grasband verstiegen. Und ausgerechnet heute muß dieser verfluchte Nebel kommen.» Hinter dem Hirten klettert der Hund die steile Rinne empor, winselt, springt an Martin hoch und stößt ihn mit der Schnauze an. «Paß auf du, stoß mich nicht hinunter.» Der Hirt ist nahe an ihn herangetreten, stochert mit seinem Stock im Geröll herum.

«Hilf mir, Doktor», sagt er mit gedämpfter Stimme, «hilf mir. Wenn ich das Schaf verliere, dann gnad mir Gott. Sie werden mich wegjagen, die Bauern, und vielleicht muß ich's noch bezahlen. Du weißt ja.» Er bricht ab. Nur seine Augen reden weiter, unruhig und flackrig. Angst, denkt Martin. Jetzt hat er Angst. Wie ich am Pfeiler drüben. Aber es ist eine andere Angst.

«Hilf mir», bricht es nochmals aus dem Alten heraus. «Du hast doch ein Seil dabei. Da könnten wir die Grasbänder da absuchen.» Martin macht eine vage Handbewegung. «Da könnten wir lange suchen, wenn wir nicht wissen wo.» Dann kommt ihm plötzlich der Stein in den Sinn, der ihn am Morgen in der Schlucht beinahe erschlagen hat. Steine fallen selten von selbst. Und er sagt langsam: «Du, ich glaub, ich weiß, wo dein Schaf ist. Komm.»

Er steigt voran. Die Rinne wieder hoch bis dort, wo sie sich gabelt und ein Ast steil in die Schlucht abfällt. Dort sehen sie, tief unten, hart am Absturz, einen braunen Fleck, der sich bewegt. Das Schaf.

Die Rettung nimmt viel Zeit in Anspruch. Martin schlägt Haken, seilt sich ab, installiert Flaschenzüge, um das verletzte Tier hochzuziehen. Es gelingt. Und endlich, gegen Abend, sind sie wieder in der Scharte.

Martin packt die Reste seines Proviants aus.

«Hab Dank», sagt Gwerder und reicht ihm seine Hand.

«Hab Dank, Martin. Du hast mir geholfen.» Sie setzten sich hin, kauen Brot und Wurst, schweigen. Es wird kühl. Und dann löst sich der Nebel von den Felsen, fällt wie ein Vorhang. Einige Fetzen wallen noch um die Kanten und Zacken. Im Westen hängt die Sonne tief über einem aufgewühlten Meer. Hinter ihnen, über der Schlucht drüben, steigt der Pfeiler senkrecht und aalglatt in den violetten Himmel hinauf. Martin deutet hinüber.

«Da bin ich heute hochgeklettert. Allein.» Gwerder schaut lange hinüber. Schüttelt dann den Kopf. «Bist schon ein Kerl.»

«Ja», sagt Martin, «ich bin der erste, der es geschafft hat. Nur hab ich keinen Beweis...»

«Beweis, Beweis», der Alte schaut traurig in die Weite, wo die Sonne den Horizont berührt. «Bist ein richtiger Doktor. Immer braucht ihr einen Beweis. Ich hab damals auch keinen Beweis gehabt, verflucht nochmal. Und dann haben sie mich eingesperrt.» Den letzten Satz hat er geschrien. Dann sagt er wieder leise, mit zittriger Stimme. «Schad um dich. Solltest Hirt werden, nicht Doktor.»

«Hirt, ja, oder sonst etwas anderes», sagt Martin, mehr zu sich selber als zum Alten.

«Oder Matrose, ha», lacht Gwerder auf, «über alle Weltmeere fahren. Das ist immer mein Traum gewesen, weißt du.» Er zeigt mit seinem Stock über das Nebelmeer hinaus. «Wenn ich da hinausschaue, dann kommen mir die Felsen wie Mauern vor. Wie Gefängnismauern. Aber was willst du. Jetzt bin ich alt, kaputt, fertig.»

Martin nickt. Denkt ans Meer. An die Weite, nicht mehr an Pierre, nein, nur noch an den leeren Strand, die Wellen, die dort auf den Sand rollen, das Aufschäumen von Yvonnes Haaren im Wind vielleicht, sagt leise: «Ja, Gefängnismauern sind es. Wenn man allein ist.»

Und dann sitzen sie wieder schweigend nebeneinander. Bis die Sonne im Nebel versunken ist und kühle, blaue Schatten die Felsen verschluckt haben.

Auf die Grande Candelle

1975

Die trockenen Pinienäste sind leise fauchend verbrannt. Anja legt Fische auf den ˙Rost. Einen Moment bleiben sie reglos. Dann schießt milchiges Weiß in ihre Augen. Sie krümmen sich in der Hitze, und die Rosmarinnadeln, mit denen die Bäuche vollgestopft sind, lodern auf. Würziger Duft verbreitet sich in der Grotte. Ich fülle zwei leere Yoghurtbecher mit Wein und stelle sie auf einen Felsabsatz über dem Feuer. Anja wendet die Fische, schneidet weißes Brot in Scheiben und legt sie auf ein Tuch, das wir über den sandigen Boden gebreitet haben. In ihren Augen spiegelt sich das glimmende Feuer, wenn sie sich über den Rost beugt. Einmal richtet sie sich auf und deutet über die Bucht hin:

«Horch mal. Hörst du?»

Nein. Nichts. Nur das Schlagen der Brandung gegen die Felsriffe da unten. Weiches Gurgeln und Flüstern. Ein ruhiger, einschläfernder Rhythmus, der nur manchmal, wenn größere Wellen über die Riffe springen und über Kies hinweg bis an unsere Füße rollen, zu einem wütenden Zischen wird.

«Hast du gehört?»

Nein. Nichts. Es wird nichts sein. Ein Abend wie all die andern hier draußen: Gebratener

Fisch und Brot. Wein, viel Wein. Gespräche vielleicht. Gespräche über jene Dinge, die für wenige Wochen zurückgeblieben sind. Denen man entfliehen möchte und die einen dann plötzlich in einer halbverlassenen Felsbucht wieder einholen. Gespräche oder – öfter – Schweigen. Später vielleicht einen Kaffee an der Bar im Fischerdorf. Einen oder zwei. Ein Glas. Vielleicht ein Bad, wenn der Mond durch die Bucht hereinscheint. Eine lange Nacht im Zelt unter den Pinien.

Nein. Es wird nichts sein. Nichts Besonderes. Der letzte Abend. (Sprich nicht davon.) Noch ferner der Wirklichkeit als all die andern.

«Horch, da ist es wieder.» Und jetzt höre ich es selber.

«Eine Sirene.»

Vom Paß, der die Bucht von der Stadt trennt, dringt das beunruhigende, wimmernde Geräusch herab.

«Eine Ambulanz vielleicht?»

Jetzt hört man den Wagen im Hintergrund des Tales verschwinden. Dort, wo sich das Sträßchen durch eine enge Schlucht zwängt. Und dann kommt ein zweiter über den Paß. Ein dritter. Ein vierter. Das Geheul ihrer Hörner und Sirenen hallt von den Felswänden und wühlt sich in die Ruhe des Abends.

Hastig löschen wir das Feuer. Laufen mit Yoghurtbechern zum Wasser hinab, tauchen sie in die weiße Gischt, laufen in die Grotte zurück und leeren das Wasser über die zischende Glut. Die Fische liegen traurig verkrümmt auf dem Rost daneben.

«Vielleicht hat jemand den Rauch des Feuers gesehen und Alarm geschlagen.»

«Oder eine Razzia wegen der Autos, die ohne Bewilligung in die Bucht herausgekommen sind.»

Auch wir sind natürlich ohne Bewilligung über den Paß gefahren. Haben dem Algerier, der in Les Baumettes bei den Abfallgruben die Passierscheine kontrolliert, ein Päcklein Gauloises durchs Fenster gereicht anstelle der behördlich gestempelten Karte. Wir sind illegal ins Paradies eingedrungen.

Es ist schon dunkel, als wir über Felsplatten dem Ufer entlangkletternd das Dorf erreichen. Die Mole, wo die Fischerboote vertäut liegen, ist von Scheinwerferlicht überflutet. Gestalten hasten umher. Schneidende militärische Kommandos wecken plötzlich unheimliche Vorstellungen (der Hafen ist nach einem Fischer benannt, der vor dreißig Jahren exekutiert wurde). Ein Kompressor springt an und übertönt mit seinem Dröhnen alle Stimmen. Schlauchboote werden flottgemacht und ins Wasser gestoßen. Eine Ambulanz trifft ein. Blaulicht geistert über die stumpfen Fassaden der Hütten. Uniformierte hasten über den Quai: Die Feuerwehr. Les marins-pompiers de Marseille. Eine Übung vielleicht?

Der Kompressor verstummt. Die Schlauchboote gleiten leise aus dem Hafen, werden von der Dunkelheit verschluckt. Dann springen plötzlich ihre Motoren an, daß es von den umliegenden Felswänden hallt wie von Maschinengewehrsalven. Später tauchen sie weit draußen, wo sich die Bucht gegen das Meer hin öffnet, auf – drei schwarze Fische im Mondlicht.

Die Scheinwerfer sind erlöscht. Auf dem Quai leuchten nur noch die Lampen der Fischer, die ihre Netze flicken, als sei nichts Besonderes vorgefallen.

«Les pompiers? Eh. Wird irgendwas los sein da draußen. Einer ersoffen. Oder abgestürzt. Oder beides. Kommt schon mal vor hier.»

Und schon beugen sie sich wieder über die endlos langen Netze mit ihren krummen Rücken. Und mitten in der Nacht werden sie hinausfahren zu den Riffen. Einholen, was sich da verfangen hat in den Netzen. Und gleich in die Stadt hinein bringen zum Markt. Es sind nur noch wenige, die das machen. Die Alten.

Zwei, drei Junge noch, mit größeren Booten. Mit eigenen Lieferwagen und Gehilfen, Arabern, die billig erbeiten. Die Kleinfischerei rentiert nicht mehr. Das Leben ist zu hart hier draußen. Kein Wasser. Kein Geschäft. Keine Post. Die Bar, ja. Teuer, sehr teuer. Die meisten haben ihre Hütten als Wochenendhäuschen verkauft. Sind in die Stadt gezogen, in die Fabriken. Und nur ein paar wenige machen noch weiter.

«Weil die Fische von den Felsen so gut sind», sagen sie.

Die paar Burschen, die an der Bar herumkrakeelen, verstummen plötzlich. Ihre Blicke erstarren für Augenblicke, fixieren irgend eine der Flaschen auf dem Regal, den getrockneten, blaubemalten Seestern, der dazwischenhängt oder einen der rostigen Anker. Ihre Hände bleiben, um Pastisgläser geklammert, in der Luft hängen. Zwei Uniformierte sind eingetreten.

«Zwei Café bitte und ein Gauloises bleu.» Die Polizei erweckt gleich Mißtrauen, auch wenn man man sie nur aufgeboten hat, um einen abgestürzten Kletterer zu identifizieren. Niemand spricht die beiden an, die dumm vor der Theke herumstehen. Mit ihren ledernen Pistolenfutteralen spielen. Einer reißt einen dummen Witz: Niemand lacht.

«Was neues, draußen?»
«Nichts.»

«Wollen wir wirklich auf die Candelle, morgen?» fragt Anja, beinahe flüsternd, in die Stille hinein. Wir sitzen draußen vor der offenen Tür im Halbdunkel.

«Eigentlich hab ich keine Lust mehr.»

Es ist der letzte Tag morgen. Die letzte Gelegenheit. Und wer weiß, wann wir wiederkommen. Die Grande Candelle, Arrête de Marseille, sollte so etwas wie ein Abschluß sein. Eine Krönung. Eine Erinnerung, die du später immer wieder hervorholen kannst wie ein Foto. Betrachten. Träumen.

Warum haben wir das eigentlich nötig? Was erwartet uns denn, daß wir uns Träume auf Vorrat anlegen müssen?

Schweigend starren wir in die Bucht hinaus. Die Ankerketten der Fischerboote klirren leise. Alle Lampen sind erlöscht. Weit draußen sieht man einen Lichtpunkt regelmäßig aufschimmern: Der Leuchtturm.

«Ob er noch lebt, wenn sie ihn bringen?»

Der alte Mourichoux ist bei uns gesessen und hat berichtet: Es soll einer gestürzt sein in den Sougitons. Wanderer, die vom Nudistenstrand her gekommen sind, haben Hilferufe gehört. Das war irgendwann am Nachmittag. «Und morgen wollt ihr auf die Candelle? Mon dieu! Was die Jungen nicht alles im Kopf haben, heute. Früher, ja, früher, du mein Gott…»

«Wir mußten noch schuften. Drüben, versteht ihr. Drüben!»

Er macht eine vage Geste übers Wasser hin: «Drüben. Oran, Algérie française. Ein Leben lang geschuftet. Und dann hieß es plötzlich: raus! Zweiundsechzig war das. De Gaulle, versteht ihr. Die Araber. Die sind uns gleich hinterhergekommen, habt ihr gesehen? Die ganze Stadt ist voll davon. Salauds! Ja, alles voll davon. Stehlen. Morden. Gewalttätigkeiten. Nur gut, daß wir hier draußen noch unsere Ruhe haben. Vorläufig meine ich, vorläufig. Uns geht es ja noch so einigermaßen.»

Anja hat ihre Hand auf meinen Arm gelegt. «Du. Wir könnten doch morgen nochmals in die Stadt.»

«In die Stadt, hm…»

«Ich wollte mir noch handgewobene Stoffe besorgen. Und dann, dein Artikel…»

Ich will klettern.

«Die Candelle hast du doch schon x-Mal bestiegen.»

«Aber nicht mit dir.»

Nochmals klettern, denke ich. Am Morgen früh, wenn die Fischerboote durch die Bucht

hereintuckern, auf. Durch den kühlen Pinien-
wald hochsteigen.

«Es wird noch schöner sein als am Bec. Denk an
den Bec.»

Ein paar Stunden zwischen Wasser und Himmel. Ein paar Stunden in diesem weißen, rauhen
Fels, der sich so warm und lebendig anfühlt. Der
nach Salz und Sonne riecht.

Bec de Sormiou: Hinaustraversieren in der
Wand, auf schmalen Bändern, in Grotten,
manchmal nur einen Meter über der Brandung.
Hinaus, bis sich der Fels in die Höhe schwingt wie
der Bug eines riesigen Schiffes, das im Begriff ist,
in die Unendlichkeit von Sonne, Wellen und
Himmel hineinzusegeln. Je höher man steigt an
diesem Bug, desto frischer wird der Wind. Desto
weiter die Unendlichkeit. Und das Schiff, das
Schiff wird dich mitnehmen, glaubst du. Ja.

«Es wird noch schöner sein als am Bec... und
du siehst die Stadt von dort oben.»

«Schau dort draußen!»

Im Mondlicht, das als weiße Zunge durch die
Bucht hereinleckt, drei Punkte. Das Knattern
der Außenbordmotoren rollt heran.

«Sie kommen herein.»

Scheinwerfer flammen auf. Und alle Gäste der
Bar drängen auf die Terrasse heraus. Keiner will
sich das Spektakel entgehen lassen. Zwei Genfer
Paare, Hobbytaucher, die in der Bar logieren und

sich durch die langweiligen Abende fressen, saufen – Bouillabaisse, Fischplatten, Couscous, Paella (ein Kompliment dem Offizierskoch aus der Legion), algerischen Roten des Alten – sie stehen auf der Treppe, die Mädchen noch im Bikini, die Männer die Hände in den Taschen, und reichen Zigaretten herum.

«Ob er noch lebt?»

Die Boote gleiten mit gedrosselten Motoren durch die enge Hafeneinfahrt. Mit einem knirschenden Geräusch kommt das erste auf dem Wall von Kies, Treibholz und Abfall, der den Hafen abschließt, zum Stehen. Die Ambulanz ist nahe ans Ufer herangefahren. Das kreisende Blaulicht wirft gespensterhafte Blitze über die Szenerie.

«Er lebt. Ja.» «Er muß noch am Leben sein.»

Erleichterung. «Wenn er tot wäre, würde man sein Gesicht bedecken, oder nicht?»

«Ob er wohl durchkommt?»

Die Genfer stolpern wieder hinein ans Licht, zu ihren halbleeren Platten, neben denen Fischgräte aufgetürmt liegen, während die Ambulanz mit aufheulenden Sirenen im Tal verschwindet.

Wir gehen den Strand entlang. Der Mond hängt als fahle, rötliche Scheibe über dem Ausgang der Bucht. Sein Licht reflektiert in flimmernden Bahnen auf dem Wasser.

«Du. Ich möchte in die Stadt morgen», sagt Anja endlich.

«Ich hab deine Stadt bis hier.»

«Wir wollten doch noch Aufnahmen machen in den arabischen Elendsvierteln. Für den Artikel.» Aufnahmen. Schön. Der Artikel, Herrgott. Ich hab kein Material. Keine Fakten. Nichts. Und – was soll ein Artikel, he? Auf der rechten Seite des alten Hafens, hat man uns gesagt. Hinter den häßlichen braunen Fassaden, die wiederaufgebaut worden sind nach dem Krieg. (Die deutschen Truppen hatten das ganze Quartier in die Luft gesprengt.) Gleich dahinter beginnt das Ghetto: Häuser mit eingestürzten Dächern. Fassaden, die sich bauchig nach außen drängen, mit Balken notdürftig abgestützt. Ruinen. Offene Türlöcher, aus denen dich Abfall und Moder anstinkt. Tote Ratten im Rinnstein. Und überall: Kinder. Im Staub und Schmutz vor jener zerfallenden, verriegelten Kapelle. Kinder mit fiebrig aufgerissenen Augen. Sie starren dich an. Sie folgen dir durch die Gassen. Betteln nicht, nein. Starren nur auf deine Sachen. Deine Schuhe. Deinen neuen Apparat. Nein. Ich kann keine Aufnahmen machen. Nichts schreiben. Ich schäme mich.

«Ich hab kein Material, du weißt.»

«Wir haben noch einen Tag.»

Freiheit, hat Herbert damals gesagt. Tun und lassen, was du willst. Was dir paßt.

«Ein Artikel ändert nichts. Man müßte...»

«Die Augen verschließen. Als ob man nichts gesehen hätte. Als ob nur der Grat existierte, den man schon x-Mal hochgekrabbelt ist.»

Freiheit, wozu? Die Augen zu schließen? Oder...

Ach, das sind noch Zeiten gewesen, damals mit Herbert. Wir waren doch zusammen, wart mal: Am Bec, ja. An der schwarzen Wand. Am Doigt de dieu (darüber habe ich sogar ein Gedicht geschrieben: Schließ die Augen und träume. (Etwa so hat es begonnen.) Weiter: Am Rocher des Goudes, face nord. Am Cancéou. An der Super sirène im en Vau. Und zum Abschluß, klar. An der Candelle, Arrête de Marseille.

«Komm, werfen wir eine Münze. Kopf, Candelle. Zahl, Marseille.»

Der Mond hängt tief über der Falaise du renard. Die Bucht wird gleich im Dunkel versinken. Wir müssen uns entscheiden.

«Jetzt haben wir Wochen hier draußen verplempert. Vor uns hingeträumt. Herrlich. Wirklich herrlich. Aber...»

«Neue Ordnung – ordre nouveau.» Das ist uns zuerst aufgefallen, als wir ankamen. Parolen, mit Spraydosen auf Mauern gespritzt. In den engen, bröckligen Gassen von Mazargues, wo wir einkaufen. Sogar auf dem vornehm bräunlichen Sichtbeton von Corbusiers Cité d'habitation, die wir besuchen wollten (man hat uns fortgejagt: Gammler in Kletterschuhen haben keinen Zutritt). Dafür studierten wir Plakate. Am Rond point, neben dem Café: Fort mit den Parasiten. Fort mit dem arabischen Gesindel. Über eine Million Algerier und Marokkaner leben hier im Süden. Illegal, ohne staatliche Papiere die meisten, als billiges Menschenmaterial, als Sündenböcke für alles Mögliche: «neue Ordnung».

«Komm. Wirf schon die Münze. Gleich wird es dunkel.»
Man schnappt dies und jenes auf: Flugblätter. Eine Demonstration algerischer Arbeiter in der vornehmen Canabière. Ein zerlumpter Alter, der in den mondänen Cafés am Vieux Port Nüsse in winzigen Plastiksäcken anbietet. Mit Tränen in den Augen. Man hätte Zeit, den Dingen auf den Grund zu gehen.
Zeit, viel Zeit.

Ein Franc klingelt über Felsplatten. Lichtschimmer drüben beim Hafen: Gleich wird das erste Fischerboot auslaufen. Der Mond ist verschwunden.

«Zahl.»

Weit im Westen liegt eine schwarze Wolkenbank über dem Meer, als wir am Einstieg zum Grat ankommen. Anja ist schnell und leicht gestiegen. Immer voraus, während ich schnaufte und schwitzte. Schon unten am Meer, wo man ein Stück weit eine alte, halbzerfallene Militärstraße benützen kann, die von Luminy herüberführt, hat mich eine leichte Übelkeit befallen. Ich sage nichts. Quäle mich die steilen Schuttcouloirs und Felsstufen empor. Greife zerstreut in ein stachliges Zwergeichelngebüsch und reiße mir die Finger auf. Eine tierische Hitze schon am Morgen. Und die Wolken im Westen? Das Meer schimmert grünlich, wie Seifenlauge.

«Was meinst du, Anja?»

Sie lehnt mit geschlossenen Augen am Fels. Spielt versunken mit ihren strähnigen Locken.

«Herrlich.»

Kein Wort mehr über die Stadt. Nur als wir in der Bucht von Sougiton an den zerfallenen Befestigungsanlagen, den verrosteten Stacheldrahtverhauen und eingestürzten Laufgräben vorbeigestiegen sind, hat sie bitter gesagt:

«Wer hat hier wohl mal wessen Freiheit verteidigt?»

Denn um die Freiheit geht es ja wohl immer, wenn Menschen sich gegenseitig töten. Oder? Heute steht das Gebiet unter Naturschutz. Es braucht eine gestempelte Karte, wenn man vom Land her herüberkommen will. Drüben gibt es einen Schlagbaum mit Uniformierten, gleich hinter der Universität von Luminy. Dort wächst progressive Architektur unvermittelt und brutal aus kahlen Felsflächen, sauber, sehr ästhetisch, und alles von blitzblankem Stacheldraht umgeben.

«Was meinst du, Anja?»

Ein frischer, nach Salzwasser riechender Wind ist aufgekommen. Die Wolkenbank nähert sich rasch. Von einem luftigen Felszapfen läßt man sich an den Grat fallen. An den kompakten grauen Schuppenrücken. Ein versteinertes Ungeheuer, diese Candelle.

«C'est la plus classique de toutes les voies...» heißt es irgendwo. Zahl, denke ich. Für diesen letzten Tag brauchen wir keine Entscheidungen mehr zu fällen. Der Artikel... «Schau da unten die Stadt», ruft Anja herauf. Hinter dem öden Felsrücken taucht das Häusermeer auf. Eine Dunstglocke hängt darüber. Zwischen Felsinseln sieht man Öltanker den Hafenanlagen zustreben.

Weiter. Auf den Gipfel, bevor der Regen kommt und die von Tausenden von Händen abgegriffenen Platten noch glitschiger werden. Tausende, zehntausende von Händen, zehntausende von Münzen, die Zahl gezeigt haben. Die sich für die Candelle und für nichts anderes entschieden.

Herrgott, was ist denn plötzlich? Du hast Mühe. Dauernd studierst du an dem dummen Gedicht herum: Schließ die Augen... Und jetzt befällt dich das ekelhafte Gefühl: Abgleiten. Direkt ins Meer stürzen. Kopfüber in die algengrüne Lauge hinein! Versinken, eingehüllt in einen Kometenschweif aufglimmender Meertiere.

Schließ die Augen. Hol das Bild hervor. Damals mit Herbert: Eine schneeweiße Himmelsleiter. Hoch über dem blauen Wasser. Sonne. Eine kühle Brise. Wir brauchten keinen Franc, damals.

«Was ist los», ruft Anja herauf. Ich gebe keine Antwort. Wische Schweißtropfen von den Augendeckeln. Die Griffe werden schmierig unter meinen Händen.

«Ich muß einen Moment ausruhen. Mir ist übel...»

Ich lehne meinen Kopf an den Fels. Der Artikel verplempert. Nichts. Die werden mich von der Redaktion jagen: Spesen kassiert und nun nichts zum aktuellen, hochbrisanten Thema: Rassismus in Südfrankreich. Nichts. Kein Material, keine Fakten (um von eigenen Problemen abzulenken). Träumer! Wir werden Herbert hinschicken. Herbert...

Ich spüre einen Tropfen im Gesicht. Raufe mich die letzten Meter des Grates empor. Anja folgt leicht und mühelos. Ein Windstoß fährt unsanft in ihre Haare.

«Gut, daß du bei mir bist, Anja.»

Das Meer, vierhundertfünfundsechzig Meter unter uns, ist grau. Weißliche, langgezogene

Schaumkronen kommen langsam dahergefahren. Tropfen fallen auf den weißen Kalk, zeichnen schwarze Punkte, wo sie verschluckt werden.

«Was ist mit dir?» fragt Anja.

«Der Fisch», sage ich, «der Fisch war glaub' ich verdorben.»

Am Abend packen wir zusammen: Zelt, Klettermaterial, Fotoausrüstung, Bücher, die Schreibmaschine. Auf dem Paß halten wir an. Draußen am Horizont glimmt das Licht des Leuchtturms auf. Es steht immer noch eine schwarze Wand über dem Wasser. Und dann plötzlich bricht ein Lichtschimmer durch. Aus den Schatten wächst es wie eine lodernde Flamme. Eine messerscharfe Linie, die das Abendlicht und die Dunkelheit trennt: la Grande Candelle, Arrête de Marseille. Wir steigen ein. Les Baumettes. Die Abfallhaufen. Die Pizzeria. Das Gefängnis bei den Steinbrüchen. Schulbusse, vollgestopft mit Kindern. Im Gassengewirr von Mazargues bleiben wir im Feierabendverkehr stecken.

Hupen und das Aufheulen von Motorrädern. Wütend aufblinkende gelbe Scheinwerfer im Gegenverkehr. An den Ampeln lauern Autos wie wildgewordene Jagdmeuten. Wenn die Lampe schaltet – Frei, Weg frei – dann jaulen die Motoren auf. Gas, Gas und weg.

Anja setzt sich ans Steuer. Sie wird den Wagen durch die Nacht lenken. Und einmal, nach langem Schweigen, wirst du sie fragen: «Kehren wir zurück?» Und sie wird antworten:

«Wohin?»

Cengalo, Cengalo...

1. Preis im Literaturwettberwerb des SAC 1974

...wenn du cengalo sagst, dann denke ich an schuppige felspanzer, die wie reptilrücken aus dem eis brechen und ihre winzigen saurierköpfe in weissen wächten verbergen wie scheues getier.

und an den grat in der höhe, der wie ein scharfes messer ein stück vom blauen himmel schneidet.

cengalo, cengalo...

cengalo klingt fremd, unheimlich, wie...?

wie das eintönige hämmern vielleicht, das durch schwarze sommernächte schwebt, wenn die bauern vor den hütten da unten ihre sensen schärfen... so vielleicht?

ja, so.

Eigentlich wollten wir an die Dru-Nordwand, die sollte doch noch schnell unter Dach, schnell, bevor die Tage kürzer würden. Und dann hatte Hori ja noch diesen Kurs im September, diesen Programmierkurs oder weiss der Teufel was. Der rote Klettersack stand schon bereit, vollgepackt, stand im Korridor draussen auf dem neuen Spannteppich, auf dem ruhigen, eintönigen Grün der künstlichen Wiese, der maschinell gekräuselten. Und die neuen Tapeten, verdammt, die hatten einen Kratzer abbekommen, weil ich den Gummizapfen für den Pickelhammer nicht mehr gefunden hatte in der Eile. Da läutete das Telefon.

«Hast du den Wetterbericht gehört?»

«Ja und...?»

«Die Gewitter im Westen... ist Scheisse, grosse Scheisse.»

«Und ich habe doch schon Urlaub eingegeben für morgen... und die Sitzung, die Sitzung mit den BBC-Leuten...»

«Die andern wollen ins Bergell...»

«Ins Bergell?»

«An den Cengalo.»

«Cengalo, Cengalo... Moment mal.»

«Morgen um eins geht's los.»

«An den Pfeiler, den wir damals nach dem Badile...?»

«Klar, ruf mich nochmals an im Büro.»

Wir sind zu viert. Und unser Guide hatte angeordnet «Pro Seilschaft ein Paar Steigeisen plus ein Fuchtel.» Das heisst, dass Dieter und ich, die Fuchtelbewehrten, uns stufenhackend über schwarzglitschiges, sandiges Eis hinaufarbeiten, emporfuchteln sozusagen, fluchend und schlotternd und mit dem Strahl der Stirnlampen im trüben, sumpfigen Dämmerlicht stochernd, während die zwei andern, der Guide und Hori, mit den Händen in den Hosentaschen an uns vorbeispazieren... kratsch, kratsch, kratsch... Mit ihren Steigeisen, die sind wie Raubfisch-zähne, die immer wieder schnappen, schnappen, schnappen... Und da taucht noch einer auf hinter uns, einer mit einem fürchterlichen roten, rostigroten Schnauz, einer von der Konkurrenz, und mit ihm:

Anja.

«Geht's noch?»

«Für Anja hacken wir uns durchs Badilecouloir hinauf und durchs Gemellicouloir wieder herunter, wenn's sein muss.»

Plötzlich befällt uns die Krankheit, ja, die schreckliche Krankheit, Kluckeritis, benannt nach ihrem ersten Opfer, Christian Klucker, Bergführer, der sich einst durch alle diese schwarzen Eisschlünde da hinaufhackte, weiss der Teufel, was ihn trieb, hinauffuchtelte und dann wieder hinunter. Rätsel, Rätsel... Die Kluckeritis treibt uns, und wir hacken, hacken, hacken...

Und Anja trappt vorbei mit dem Roten, leichtfüssig wie ein Reh... kratsch, kratsch, kratsch...

...doch halt mal, da ist ein licht, hoch oben in der schwärze der platten, unter der wächte... menschen, menschen dort oben?

die andern sehen nichts, stapfen weiter.

da ist es wieder, klar und ruhig hängt es im
kalten, toten gemäuer; es ist kein funkeln, kein
warmes blinken, nein, nur fahles, knochenfahles
leuchten.

wie heisst doch die sage? bergleuchten, fels-
leuchten, alpenleuchten ... johannisleuchten,
johannisnächte ... weiss der kuckuck, 's ist lange
her seit dem zeug.

tote seelen vielleicht, tote seelen, die unruhig
über kämme und grate geistern?

aber das licht dort ist ruhig, einsam und un-
endlich hoch ...

klucker, ja, der alte klucker, der verbitterte,
vergessene alpenkönig; das ist seine betrogene
seele, die über den berg hin streicht und leise
wimmert wie der wind ...

cengalo, cengalo

Nach dem Bergschrund steigen wir durch
sandige, brüchige Rinnen, durch die manchmal
Steine herabschwirren wie böse surrendes Insek-
tengeschwärm. Der Atem geht schwer; verdammt, die Rucksäcke drücken. Endlich, endlich
sind wir an der Kante, auf dem Drachenrücken,
der sich unheimlich steil da oben im milchigen
Morgenlicht verliert.

Der Guide drängt weiter.

«Los, macht schon! Wir haben keine Zeit zu
verlieren.»

*was heisst schon zeit, wenn drüben am badile
das sonnenlicht auf die gipfelplatten fällt, ur-
plötzlich, wie hingeworfen, wenn es dann langsam herabrinnt durch den grossen trichter, sich
sammelt in den rissen zu feinen fäden, spinn-
webenartig, dann als lautlose kaskade über die
steilstufe herabfällt und unten auf die felsschup-
pen prallt, die links vom eisfeld herabtreppen,
dann weiter tropft über stufen und dächer hinab,
bis es endlich, endlich im spaltengewirr des bon-
dascagletschers versickert.*

*was heisst da schon zeit... weisst du noch viel-
leicht?*

«Wie viele Jahre sind's nun schon wieder?»
Hori kaut an einem zähen Stück Speck.
«Wart mal...»
«Dreiundsiebzig haben wir doch jetzt...»
«Und vor vier, nein, vor fünf Jahren habe ich
geheiratet, oder...»
«Natürlich, das war vor dem Südafrika-Trip.»
«Zwei Jahre nach dem Diplom.»
«Dreiundsechzig, in Winterthur draussen,
glaub ich.»
«Dann war es also zweiundsechzig...»
«Zweiundsechzig, richtig.»
«Vor elf Jahren...»
Anja lächelt. Der Rotschnauz packt Käsebrote
aus und eine riesige Feldflasche, während der

69

Guide und Dieter in grasigen Verschneidungen nach Griffen suchen, nach Sanduhren, nach Hakenrissen, Felswarzen und was sie sonst noch brauchen, um höherzukommen. Wir staunen hinüber an die platte Badilewand und können es kaum fassen, dass es elf Jahre sein sollen, seit wir dort hinaufgeklettert sind, bei schlechtem Wetter, nach einem Biwak am Wandfuss.

«Du...»

«...wart schnell, der Karabiner klemmt...»

«Mir ist, als sei's gestern gewesen.»

«Verdammt...»

... da hängt die erinnerung in unseren köpfen wie milchiger nebel, jahrelang, beinahe vergessen, und plötzlich ist alles wieder da, um uns, in uns, spürbar und greifbar.

der eiskalte, feuchte fels zuerst, wie er wächst unter unseren händen, sandig und glitschig, und wächst im dämmerlicht zu einer gewaltigen schwarzen mauer.

und dann die erregung jenes morgens, die uns wieder erfasst.

sieben seilschaften hinter uns, die sich als glühwurmkette über den gletscher nähern, durch die nacht.

knallrotes wolkengefetz schiesst über den gipfelgrat... schlechtes wetter, umkehren.

umkehren nach einer kalten biwaknacht, nach

jahren, deren träume nur diesem einen, einzigen morgengrauen gegolten hatten?

NEIN!

dann zieht die wand unter unseren händen vorbei wie ein stummer, eintönig grauer film.

ist das klettern?

nein, das ist schweben, fast ohne die wand zu berühren, höherschweben und hinein in die milchige, brodelnde kälte.

nach stunden reisst der streifen, und wir blicken vom gipfelgrat zurück, hinunter über die platten, und da unten in der tiefe gehen die andern gerade vom wandfuss weg; winzige gestalten, wie müde ameisen.

die geschlagenen.

der guide war damals auch unter ihnen.

graue fahnen zogen herauf aus dem trubinascakessel.

war das gestern?

ist das heute?

vor elf jahren?

und morgen, was ist morgen?

wir hatten den gipfel gerade verlassen, als ein fürchterliches gewitter hereinbrach.

wasser und hagel schossen über die platten hinab, rissen alles mit sich, was nicht fels war, schossen als weisse kaskade hinaus ins leere, über die steilstufe hinweg und zerfransten im sturm zu einer schäumenden gischtwolke.

was kümmerte uns das unwetter?
wir stiegen ab.

Der Guide hat's eilig.
«Weiter, weiter...»
Er ist Architekt, und die Bauherren warten; Zeit
ist Geld, Geld, Geld. Der Rotschnauz folgt uns auf
den Fersen. Er klettert gut, nur seine Sprache ist
scheusslich, eine richtige Halskrankheit.

«Wie alt bist du eigentlich, Anja?»
«Siebenundzwanzig.»
«Und der Rote, der Baffone, was ist mit dem
los?»
«Das ist mein Mann.»

...cengalo, cengalo...
seltsames, fremdes wort.
einmal wollten wir doch in den süden.
aufbrechen, weg, irgenwohin, wo das meer
um weisse felsen brandet; wo die mädchen
dunkle haut haben und leise schwebende stim-
men, wie anja.
weisst du noch?
cengalo klingt wie ferne, wie trauer, wie ver-
gessen...

In den warmen Platten des mächtigen Gipfel-
rückens steigt es sich wie auf einer herrlichen

Treppe. Höher, immer höher, den gleissenden Strahlen entgegen. Über uns kleben die andern wie Fliegen am Horizont, krabbeln im Blau mit ihren zerbrechlich dünnen Insektengliedern, und an ihren Rücken schimmert es wie von Flügeln. Zwei- oder dreimal schlägt der Guide einen Haken.

...cengalo, cengalo, das ist musik.

das sind die bauern, die ausziehen in sommernächten, wenn noch in der morgenfrühe sumpfige Wärme hängt über den feldern.

und die schwarzen mädchen wach in ihren kammern liegen...

Langsam beginnen unsere Füsse zu brennen von den winzigen Trittchen, und die Fingerbeeren sind schon lange wund gerissen. «Weisst du noch...»

...damals hat uns die wand dort drüben kraft gegeben.

sie war ziel und hoffnung zugleich; sie war der inhalt unserer jugend, und wir haben geglaubt, geglaubt... und vergessen.

fieber hatte uns gepackt, und keine macht der welt hätte uns zurückgehalten, da unten.

zwei tage später, als wir durchs bondascatal hinauszogen, blieben wir immer wieder stehen, staunten zurück, bis die wand zwischen den

bäumen im mittagsdunst und schatten ver-
schwunden war und daneben nur noch der pfei-
ler wie eine unvorstellbar glatte flamme aus der
schwärze brach...

wir wollten wiederkommen, doch wer dachte
an elf jahre.

«Und nun...»

«Du, Anja und der Rotschnauz haben ein Kind,
hast du gehört, einen Buben. Er heisst Anton.»

Seltsam... etwas fehlt uns heute, weiss der
Teufel. Das Steigen fällt uns leicht, ist wie eine
geölte Mechanik, wie ein tausendmal durchge-
spieltes Programm. Aber das Fieber, das uns
früher den Atem verschlagen hatte, ist weg.
Nicht einmal die Ängste sind zurückgeblieben,
die Ängste der Nacht an der Wand, als im Badilecouloir drüben Steinlawinen herabkrachten,
funkenstiebend...

...hinauf, fallen, absteigen durchs bondasca-
tal, wo man von weitem schon die parkierten
autos riecht; mühsam über pässe zurück zur sasc
furä, im schneeweissen audi hundert heim und
kaffee trinken, kaffee, morgen die sitzung bei
bbc, spannteppiche im büro, verdammt, der
stein, ein kopfschwartenriss, nähen vielleicht,
neuer wagen, grün, beinahe ein schädelbruch,
getroffen, doch die versicherung, war erfahrener

*bergsteiger, verschollen, salär auf dreisieben hin-
auf posthum, tot, beinahe, vergessen, vergessen,
vergessen...*

fang von vorne an.

«Du Hori, haben wir uns verändert seit
damals...?»

Er zuckt die Achseln.

Morgen wieder durch die Glastür und hochsteigen durch das graue Treppenhaus bis in den
sechsten Stock. Es ist wie ein Film, nur ohne die
kalten, festen Griffe, die unter den Händen
wachsen aus der Nacht. Ein Film, der wohl
irgendwann einmal reisst, aber ohne dass wir auf
einem Gipfelgrat sitzen und hinunterblicken,
hinunter, wo sie weggehen wie Ameisen.

Irgendwo... hol's der... NEIN!

Nach einem letzten Aufschwung sitzen Dieter
und der Guide im Geröll und haben ihre Seile
schon zusammengerollt. Der Schuppenpanzer
hat sich plötzlich zurückgelegt, und die Gipfel-
wächte ist zum Greifen nahe, über einem kurzen
Geröllgrat.

«Wer will, kann hinauf. Wir steigen ab.»

Der Guide hat's eilig.

«Hinunter, bevor der Nebel kommt. In die
Hütte ist's noch weit, und morgen wollen wir
früh ins Tal.»

«Warten wir nicht auf Anja?»
Die andern schütteln die Köpfe.
Als wir schon weit drüben sind in einer Scharte, bevor wir nach Süden ein Couloir hinuntersteigen, tauchen sie auf über dem letzten Aufschwung. Wir winken.

...sitzen sollte man, auf warmen granitbrocken da unten im bondascatal, zwischen den letzten föhren.

sitzen und schauen, wie die schuppenpanzer langsam schwarz werden im abend, wie die wächte, unter die sich die saurierköpfe kauern, in die nacht hineinschmilzt, und wie dann langsam, langsam ein licht aufgeht über dem gewänd und geschrund und geschuppe...

klucker, der seltsame, unruhige berggeist, irrt über die kämme und grate und findet keine ruhe...

sitzen sollte man, ihren warmen körper neben sich spüren und die langen schwarzen haare durch die finger gleiten lassen...

anja...

ja?

schliess die augen...

und dann zwei worte flüstern:

cengalo, cengalo...

Matterhorn

Aus: «Lebensgefährlich verletzt», 1984

Ein Mann und eine Frau sitzen in einer Ecke der Seilbahnkabine, die Ausflügler, Wanderer und Bergsteiger nach Schwarzsee über Zermatt trägt. Rucksäcke mit aufgeschnallten Seilen, Pickeln, Steigeisen, metallisches Klirren, halblaute Gespräche, Zigaretten. Die Kabine ist voll. Die Frau sitzt auf den Knien des Mannes, seine Hände berühren leicht die zarte glatte Haut ihrer nackten Oberschenkel. Sie trägt kurze Hosen, Bergschuhe. Am Finger einen neuen Ring, denselben wie der Mann.

Es ist ein Sommer, Juli oder August. Der Student betrachtet das Paar verstohlen. Er beneidet den Mann. Auch er möchte mit einer Frau zur Hütte aufsteigen, mit ihr wandern, klettern. Niemals könnte er eine Frau gern haben, die nicht mit ihm in die Berge kommt.

Doch er ist schüchtern, hat manchmal Briefe geschrieben, Postkarten aus den Kletterferien, doch meist sind sie ohne Echo geblieben.

Jetzt also studiert er, jetzt hat er sich in die Mathematik, die Elektronik, die Regelungstechnik verbissen. Er will es zu etwas bringen. Techniker, Ingenieur. Dann wird er eine Frau finden.

An der Seilbahnstation heben sie ihre Rucksäcke auf. Der Mann und die Frau folgen ihnen in kurzem Abstand. Ihre Schritte auf dem steinigen Weg sind rasch und berggewohnt. Auch die Frau trägt einen Rucksack. Später entdeckt der Student beim Mann das Abzeichen eines berühmten Kletterclubs. Eifersucht?

Unter sich sprechen die beiden französisch. Der Mann versteht aber auch deutsch. Er ist aus der Gegend. Am folgenden Tag werden sie dieselbe Route klettern.

Am Abend vor der Hütte, im Halbdunkel, unterhalten sie sich mit ihm über Aufbruchszeit, Route, Verhältnisse. Der Mann kennt den Berg. Die Frau hat sich schon schlafen gelegt.

Der Schatten des Matterhorns löst sich allmählich auf in einer klaren, warmen, allzu warmen Nacht mit wässrig blinkenden Sternen.

Der Student findet keinen Schlaf. Seine drei Begleiter kennt er kaum, er ist noch nie mit ihnen geklettert. Die Route wird lang sein und schwierig. Nur der andere kennt sie, selbst die Nordwand soll er schon gemacht haben, heisst es in der Hütte. Er hat das Bergführerpatent, arbeitet aber in Genf in einem andern Beruf. Die Frau ist seine Verlobte. In drei Wochen wollen sie heiraten. Eine Hochzeitsreise aufs Matterhorn, über den Zmuttgrat. In drei Wochen sind die Verhältnisse vielleicht nicht mehr gut.

Der Student hofft, schneller zu sein als die beiden. Schneller schon beim hastigen, klirrenden, polternden, fluchenden Aufbruch in der dunklen Hütte. Doch der Bergführer ist schon da, und die Frau trägt nun Kletterhosen aus festem Stoff, eine weite Windjacke, Rucksack, Klettergürtel.

Sie schreiten rasch voraus, mit Stirnlampen über den kleinen Gletscher. Wo er steil wird, hilft der Mann der Frau, die Steigeisen anzuziehen. Etwas scheint zu klemmen. Der Student und seine Begleiter sind schneller. Sie nehmen sich nicht einmal Zeit, den Helm aus dem Rucksack zu packen. Hastig klettern sie weiter, über eine vereiste Felsstufe, über die schon Wasser rinnt. Es ist zu warm.

Graues Dämmerlicht im sandigen Eis. Das Gefühl, in einer öligen, zähen Flüssigkeit allmählich höher und höher zu schweben. Schritt um Schritt bohren sich die Frontzacken in krustigen Firn. Der Atem folgt den Bewegungen mühsam, keuchend. Die Gedanken sind irgendwo.

Dann ein Krachen. Zusammenzucken. Ein Schrei unter ihnen. «Steinschlag!»

Den Kopf in den Nacken geworfen. Rasch, Bruchteile einer Sekunde. In der Wand, direkt über ihnen, haben sich grosse Felsbrocken gelöst, fallen, sich überschlagend, scheinbar in Zeitlupe auf sie zu.

Direkt auf ihn. Langsam, in der Verkürzung des Hangs, in Wirklichkeit rasend schnell.

Sprung in eine Eisrinne. Ein Fehler, doch jetzt ist es zu spät, eine andere Deckung zu suchen. Schon prasseln ihm Steine auf den Kopf, auf die Schultern, auf die Hände, die sich an den Pickel krallen.

Zusammenkauern, ein Embryo werden, der sich in die schützende Vertiefung schmiegt, sich mit winzigen Fingerchen an ein schwaches Leben krallt.

Der Begleiter ist getroffen, schreit auf, rutscht. Gleich wird ihn das Seil aus dem Stand reissen, seine Krallen mit einem Ruck vom Körper lösen.

Ein Blick hinab. Der Eishang, die Felsstufe. Kopfvoran sich überschlagend stürzen, in eine dunkle, weiche Tiefe.

Im Spital erwachen, denkt der Student in diesem Augenblick, er sieht ein Bett, weisse Leintücher, weisse Wände, ein Fenster. Erwachen, neugeboren, in einem neuen Leben, einem andern Leben vielleicht. Eine Möglichkeit, ein Trost.

Er denkt an seine Mutter, die eine Woche gelegen hat, die hätte erwachen können oder auch nicht. Die nie mehr erwacht ist. Ihr nachfolgen, auch das ist tröstlich.

Eine grosse Ruhe ist in ihm. Ruhe breitet sich rundum aus. Dann weckt ihn ein Ruf. Sein Begleiter klammert sich an einen Riss im Eis, den er im Rutschen fassen konnte. Kopfüber hängt er in der Eiswand. Sein Rucksack ist zerfetzt.

Hastig treibt der Student seinen Pickel ein, sichert ihn.

Rufe jetzt auch aus der Tiefe. Die letzten Steine, die über die Felsstufen springen. Rauschen von Wasser. Und unten auf dem Gletscher zwei Schatten, die langsam den flacher werdenden Hang hinunterrutschen und dann zum Stillstand kommen.

Schweigen, Erstarren.

Jenseits des Tals berühren die ersten Sonnenstrahlen die Bergspitzen. Der Student sieht hinüber. Sieht das Licht. Ein Tag erwacht, ein schöner Sommertag.

Doch die beiden Körper liegen immer noch unten im Schnee. Der Mann und die Frau.

Vorsichtig steigen sie über den Eishang zurück. Wo die beiden getroffen worden sind, ist der Schnee weitherum rot gefärbt.

Der Bergführer ist tot. Ein Felsblock hat seinen Kopf zertrümmert. Von der Hütte sind Leute herübergekommen, geschäftig, mit Bahren, Leichensäcken. Ein Landeplatz für den Helikopter wird gestampft. Sechs Stunden dauert es, bis er eintrifft. Es ist ein schöner Sommermorgen, die Retter sind mit Arbeit überlastet.

Sechs Stunden liegt die Frau da, mit bedecktem Gesicht, leise stöhnend.

Der Student sitzt neben ihr auf harten Schneebrocken, hilflos weinend, wenn es niemand sieht. Jetzt brennt die Sonne auf den Gletscher. Der Himmel ist dunkelblau, beinahe schwarz. Irgendwo hat er gelesen, dass man in dieser Höhe die Sterne selbst am Tag sehen kann. Aber er sieht nichts.

In den braunen Felsen oben am Grat tauchen die ersten Partien auf, die vom Gipfel zurückkehren. Eine Seilschaft, so heisst es, habe sich in der Route geirrt, sei in brüchiges Gestein geraten und habe den Steinschlag ausgelöst. Sie seien aber weitergeklettert.

Gegen Abend fährt der Student mit seinem Begleiter talauswärts. Auf den langen, geraden Strecken dreht der andere das Gas auf. Hundertvierzig macht das schwere Motorrad. Der Student kauert sich auf dem Sozius zusammen, klammert sich an seinen Begleiter. Jetzt hat er Vertrauen. Der andere hat im Steinhagel richtig reagiert; wie durch ein Wunder sind sie nicht abgestürzt.

Und jetzt schreien sie in den scharfen Fahrtwind.

Wörter, Satzfetzen, Lieder, irgendwas. Der andere fährt immer hart an der Sicherheitslinie, überholt alles. Wenn entgegenkommende Autos aus der Kolonne brechen, weicht er mit einem raschen Schwenker aus. Dann wieder Gas. Sie sind verrückt. Sie leben.

In Sion im Spital fragen sie nach der Frau, die man mit dem Helikopter gebracht hat. Sie ist schwer verletzt, Schädelbasisbruch und anderes. Aber sie wird überleben, heisst es.

Sie fahren weiter.

Badile – zwanzig Jahre später

1983

Nacht, als wir über weiches Riedgras hochstapfen, der Spur folgend mit Stirnlampen, schwarze Erde, Wasserlöcher, feuchte Grasbüschel und Felsplatten, immer mehr Felsplatten, dann Absätze, glattgeschliffene Buckel, Schutt.
Dämmerlicht.

Eigentlich hat alles an jenem warmen, gleißenden Frühlingstag am Wörther See begonnen. Weit weg also. In einer andern Welt. In deiner Welt.
Wir haben im lauen, grünen Wasser gebadet – du nicht – wir sitzen auf einem Mäuerchen vor dem weißen Sommerhaus, schauen einem nackten Kind zu, das im Sand spielt, hinfällt, sich wieder hochrappelt. Wieder fällt und lacht und kreischt. Du erzählst mir von deinem Kind. Ich betrachte dich, dein weites schwarzes Kleid vor dem weißen Haus, deine schwarzen Haare. Ich frage dich, ob du die Berge kennst, die über dem See ansteigen: die Karawanken, braun, sanfter Stein, und dahinter liegen Länder, deren Sprache du sprichst, wo du von Ort zu Ort gezogen bist als Kind.
Wie viele Sprachen sprichst du? Acht? Oder zehn? Sprichst du auch meine Sprache?

Möchtest du morgen in jene braunen steinigen Hänge hineinwandern mit mir, hinabsteigen drüben, weiterziehen?

Ja, sagst du leise.

Eispanzer schwarz, sandig. Jetzt ist Herbst, der Fels ausgeapert und naß, doch müssen wir hinauf über eine glattgeschliffene Platte, ohne Seil. Steigeisen haben wir nicht dabei. Nein, Steigeisen hatten wir nie dabei, auch damals nicht für die Wand, auch am Cengalo nicht, wo wir uns nachts gegen den Einstieg hochkämpften, Meter um Meter, kleine Kerben in die harte, sandige Oberfläche ritzend, während uns die andern, kratsch, kratsch, mit leichten Zwölfzackern an den Kletterpatschen überholten.

Ja, irgendwann in unserem Gespräch sind diese Namen gefallen: Cengalo, Gemelli, Sciora, Badile...

Badile: Dein Vater hat ihn bestiegen. Dein Vater hat Freunde drüben, im Slowenischen, mit denen er in den Julischen Alpen klettert. Einmal waren sie am Badile vermißt, für Tage. Auf einer Wanderung ist ihm der Wagen mit der jugoslawischen Nummer aufgefallen. Er hat eine Rettungsaktion eingeleitet, sich um sie gekümmert. Dein Vater hat ein Haus in Bondo. Wenn ihr dort in den Ferien weilt, spielst du Orgel in der Kirche. Dort hast du auch geheiratet.

Mauern aus Granitquadern stelle ich mir vor, kühl im Sommer, düster, dämmriges Licht und Kerzen, rissige Fresken, schmale farbige Scheiben in Fenstern wie Schießscharten.

Irgendwo berühren sich unsere Welten. Badile, kühl und schwarz im Morgenlicht über dem Einschnitt des Val Bondasca, entrückt. Und du, wenn ich dich küsse, bleiben deine schmalen Lippen geschlossen, bleibst du mir fern, unnahbar. Badile: ein Traum. Tagelang, wochenlang habe ich in Fabrikhallen diese graubraune Stechschaufel vor mir gesehen (Stechschaufel, Spaten, das ist das italienische Wort), den Schnee oben wie Zuckerstaub, das ruhige Auge des Eisfeldes mitten in den Platten. Ich habe diesen Klotz als mächtiges träges Tier begriffen, als Saurierpanzer, der unmerklich langsam durch die Eismassen des Quartärs bricht.

Ein schreckliches Ungeheuer auch, das sich da zwischen mich und mein weiteres Leben gestellt hatte, das ich bezwingen *mußte,* um irgendwo jenseits etwas anderes zu finden. Was? Das konnte ich nicht wissen, solange ich noch nicht aufgebrochen war. Ein Leben ohne die drückende dumpfe Enge der Fabrik jedenfalls, ohne die Angst, zertreten, zermalmt zu werden wie viele, mit denen ich Morgen für Morgen im bleiernen

Dämmerlicht den Fabrikkanal entlangschritt auf das große Tor zu. Meine Welt vor zwanzig Jahren.

In mein Tourenbuch, das ich damals fein säuberlich führte, schrieb ich: *28. Juli 1962. Piz Badile Nordostwand. 8 1/2 Std. Biwak am Einstieg. Zweifelhaftes Wetter.* Tausendmal bin ich seither die Wand hochgestiegen, die Saurierflanke, glatt, schuppig, tausendmal habe ich gezittert im Biwak, aufgeschreckt vom Krachen fallender Steine im Cengalocouloir, tausendmal habe ich mich angeseilt, hastig, während sich unten die andern mit Stirnlampen näherten, die ersten sandigen Platten hochgetastet, Querungen, eine rauhe, gelbe Verschneidung, Cassinbiwak. Tausendmal habe ich lähmenden Schreck verspürt, am Lid des Saurierauges klebend: die schwarze Wand im Westen, über Soglio, von weißen Strähnen durchzogen, Regen, Hagel, Unwetter. Die Angst, die lähmt. Mehr als tausendmal: Angst, Angst, Angst. Plötzlich bricht alles auf, was in mir vergraben ist. Lebensangst. Meine Mutter, auf der Straße liegend, nochmals zehn Jahre früher, an einem hellen Sommermorgen, überfahren auf dem Weg zur Kirche. Stiefmutter, die mich quält, keine Lehrstelle, Fabrik. Sie zertreten mich, sie zermalmen mich.

Immer trägst du Schwarz, schwarze Lederhosen (jetzt Mode), weite schwarze Kleider. Hast du solche Ängste gekannt? Ist das deine Trauer, dein Panzer?

Wir sind weitergestiegen damals. Durch Risse, Kamine, Verschneidungen hoch, weit draußen im Spreizschritt turnend, tanzend, den Fels kaum mehr berührend, schwebend in der Kuppel eines unendlich hohen Domes: *Badile*. Ein Rausch, ein grauer Film in der Erinnerung, ein Film, der plötzlich reißt: der Grat. Eine Scharte. Nebel qualmt die Nordwestwand hoch, steht in Säulen über dem Vorgipfel. Die ersten Graupelkörner schlagen ins Gesicht. Und unten, 900 Meter tiefer, lösen sich die andern von der Wand, die Vernünftigen, die umgekehrt sind. Ameisen auf dem zerschrundeten Quartäreis des Cengalogletschers. Am Wörther See habe ich dir erzählt, auf dem Mäuerchen am Wasser sitzend, und einmal hast du dich zu mir gebeugt: Du bist ja so traurig.

Später habe ich dir ein Büchlein geschickt, ein Vorwand, dir zu schreiben, Die große Wand, eine Erzählung, in der ich unsere Besteigung der Badilewand nachempfinde. Du hast mir geantwortet, dein Vater möchte den Text ins Slowenische übersetzen, für seine Freunde.

Und: *Stellt der Text für dich so etwas wie eine Bewältigung jener Todeserfahrung dar? Eine Rationalisierung des Irrationalen? Und: Du bist mir lieb.*

Später dann: eine Postkarte aus Bondo, Flug-
aufnahme des Piz Badile von Norden mit kitsch-
blauem Himmel, blaugrünem Granit, blau-
schimmerndem Schnee am Gipfel, die Kante,
die Licht und Schatten zerschneidet, Abend. Ich
habe sie mit Nadeln über meinem Schreibtisch
befestigt, über meinem Arbeitsplatz.

Schreiben: So bin ich in deine Welt eingetreten.
(Ist es jenes andere, das ich suchte, damals, das
mir die Kraft gab weiterzusteigen, im Hagel-
schauer durch die Südwand hinab und in Gewit-
tern über den Bondopaß zurück, die Kraft, jenes
alte Leben zu überwinden?) Ja, mein Schreiben
hat in den Bergen eine Wurzel. Die Bilder, die
Träume, in die ich mich flüchtete, an der Werk-
bank, an der Fräsmaschine, später im Labor beim
Einlöten von Kabelbäumen und noch später am
Computerbildschirm, meine Träume mußten
eine Gestalt finden. Der körperliche Ausdruck
allein, Bewegung, Klettern, das genügte offenbar nicht.

Ich *mußte* schreiben.

Zuerst nur an regnerischen Novembersonn-
tagen, wenn in den Bergen einfach nichts zu
machen war, später während Wochen, während
Monaten (ich wurde Aussteiger), und nun ist
Schreiben mein Beruf. Ich habe gewählt.

Auch du schreibst.

Klagenfurt am Wörther See, Frühling, Tage der Begegnung, Ingeborg-Bachmann Literaturwettbewerb. Literatur wird hier zum sportlichen Ereignis mit Fernsehkameras, Mikrofonen, Presse, Reportern, Autogrammen, Favoriten, Mannschaften, Supportern, Managern. Wir beide gehörten zum Feld, nicht zu den Großen, wir blieben Ameisen. Du hast es eine Spur ernster genommen als ich, hast brav mitgemacht, mitgehört.

So sind wir uns begegnet. Du hast von Island gelesen, Reykjavik, gedrungene weiße Häuser aus Holz, karge Landschaft, kaum Menschen. Eine Frau (du?), zwei Männer. Ein Traum, hast du den Text genannt. Im Juni ist das gewesen.

Und jetzt ist September. Jetzt ist Tag. Fahles Blau im Westen, eine zerhackte, schmutzige Wolkendecke über der Sciora, auf 3000 Meter am Grat eine scharfe weiße Linie. Dort beginnt der Neuschnee. Die Wand links wie ein Leintuch, das an zwei Klammern im Himmel hängt. Wir klettern langsam, wir sind kaum trainiert. Manchmal blicke ich schaudernd hinüber in die Wand, denke an jenen andern Morgen. Dort das Eisfeld, das Saurierauge, dort habe ich gestanden, als wir die Unwetterfront wahrgenommen haben. Hätten wir uns zur Umkehr entschlossen, 400 Meter über Platten abseilen, möglich, daß uns fallende

Steine zerschmettert hätten. Oder hätten wir gezögert, ein, zwei Stunden versäumt, wir wären oben von Sturzbächen aus den Rissen gespült worden oder im Schnee erfroren. Ein gewaltiges Grabmal, dieser Riesen-Schuppenpanzer, denke ich. Eine Sphinx aus Granit, abweisend und fremd.

Nie wären wir also abgestiegen, in Nebel, Hagel, Graupelschauer, nie hätte uns am Abend in der Sciorahütte drüben Lucia empfangen mit Umarmungen, Küssen, trockenen Kleidern, Spaghetti, Wärme. Nie wäre ich in deine Welt eingetreten.

Lucia: Auch ihr habe ich eines meiner kleinen Büchlein geschickt, und sie hat mir geantwortet, *...daß ihr beide ganz naß zurückgekommen seid, das ist mir auch geblieben. Jetzt, wie du weißt, bin ich in der Albignahütte, wo es auch sehr schön ist, aber meine Gedanken und mein Herz werden immer in der Sciora und am Badile sein...*

Die Sciorahütte, drüben auf der Moräne im Schatten, scheint geschlossen, ein grauer Stein unter vielen, keine freundlichen Fensterläden, keine Fahne. Lucia ist weg.

Deine Postkarte, an Nadeln über meinem Schreibtisch, habe ich angestarrt, stundenlang, habe Wege gesucht.

Die Wand? Nein. Das ist vorbei.

Die Kante? Vielleicht...

Ich habe mir Papier und Pinsel besorgt, Aquarellfarben, habe gemalt, vier-, fünfmal, bis der Himmel nicht mehr kitschblau war, der Fels nicht mehr blaugrün, sondern rötlich, rostfarben, kräftig und warm. Und zwischen grauen Wolken das himbeerene Siruprot jenes Morgens. Ein Bild. Beim Malen habe ich den Berg wiederentdeckt. Weitere Bilder sind gekommen; Schritt für Schritt. Rißüberhang an der Kante, die Verschneidung, die rechts in die Nordwestwand abbricht, die Zürcher Platte, der Gipfelgrat. Ein Weg auf den Badile schien mir möglich.

Ich habe dich getroffen, an einem Sommerabend am See. Wir haben Fisch gegessen, den tanzenden Lichtern zugeschaut. Im Freien war es schon kühl, Ahnung von Herbst. Irgendwann habe ich dir das kleine Päcklein mit dem Aquarell vom Badile gegeben. Ja, und für einen Augenblick glaubte ich, dich zu spüren. Ein Riß in deiner Schale, durch den Wärme und Zuneigung drang. *Du bist mir lieb.*

An jenem Abend steckte ich schon mitten im Chaos. Der Boden gab nach unter meinen Füßen, ich spürte alles um mich zerfallen, nichts bot mehr Halt, jeder Griff zerbröckelte, meine Welt fiel in sich zusammen. Den Beruf, den ich mir mit Schmerzen erkämpft hatte, damals (im Sommer der Badilewand war ich noch Lehrling), an den ich mich zwanzig Jahre geklammert habe, habe ich abgelegt. Ein falscher Weg. Die Sicherheit, das gesellschaftliche Ansehen, den Gehorsam aufgegeben. Die Unsicherheit gewählt, das Grübeln und Suchen. Rund um das Zimmer, wo ich schreibe, fallen Häuser, wühlen Bagger die Erde auf, wachsen Betonschalungen in die Höhe. Sand knirscht zwischen den Zähnen, wenn wir spazieren. (Wir: meine Frau und ich.) Wir klammern uns aneinander, wir umklammern uns in dieser zerfallenden Welt, so daß uns manchmal die Luft ausgeht. Sirenen, Tränengas, zersplitternde Scheiben, Motorräder in der Nacht, ein alter Mann, von einem Lastwagen überrollt, anonyme Anrufe, Drohungen, und unsere Kinder auf dem Weg zur Schule durch Straßen voller Verkehr, voller Lastenzüge, Gas und Lärm. Mutter, überfahren auf dem Weg zur Kirche. Vater, ein Jahr lang dahingestorben mit kaputter Lunge, erstickt, im vergangenen Mai. Alles fällt in sich zusammen, zerbröckelt, löst sich auf. Da ist die Angst. Und das Bild mit dem Badile mit der Himmelsleiter zwischen Licht und Schatten als einzig möglicher Ausweg.

Die Sonne. Unter der Nase erreicht sie uns, über dem schwarzen Kamm des Cengalo stehend. Sie ist kalt. Wir essen ein wenig, trinken Tee aus der Flasche. Die schwarze Wolkendecke hat sich aufgelöst bis auf ein paar Fische im faden Blau. Tief unten, grünbraun, das Tal, Val Bregaglia, die Hänge von Soglio in der Sonne, der Wald im Bondascatal noch schattig und finster. Bondo. Euer Haus. Gestern habe ich danach gefragt in der Osteria, man hat es mir gezeigt, und ich bin vorbeigegangen, habe Stimmen gehört, aber nicht geklingelt. Die Angst.

Wir klettern weiter, rechts der Kante, wieder im Schatten. Gelbe Platten. Einmal, auf einem abschüssigen Bändchen stehend, in einen versteckten Haken eine Schlinge ziehend, spüre ich die Füße unsicher werden. Weg... und in diese Tiefe tauchen... Irgendwo bin ich gewesen mit meinen Gedanken, nur nicht hier am Fels... Mit zwei Fingern finde ich das Gleichgewicht wieder. Das ist meine Situation. Halt suchen. Ich konnte mir Halt nur noch am Fels vorstellen, an festen Griffen, an hartem Granit. Alles andere gab nach. Deine Postkarte über meinem Schreibtisch. Ein Telefonanruf. Ein Freund.

Fahrt ins Bergell.

Schon unten auf dem steilen Hüttenweg glaubte ich zu spüren: Hier ist alles, wie es war, alles noch gleich, gleiche Bilder: Wurzeln über dem Weg, von tausend Tritten blankgescheuert, schwarze Erde zwischen den Steinen, Farn. Gleiche Gerüche: Föhren und Fichtenharz, Flechten auf dem Stein. Gleiche Geräusche: die Bondasca, die sich schäumend zwischen Felsbrocken drängt, Wind in den Baumkronen. Gleiche Gefühle wie damals: Beklemmung, Fragen; leise Angst.

Und die Berge wie immer: Scioragruppe, Gemelli, Cengalo, Badile, aus zackigem Papier geschnitten. Erinnerungen werden Heute.

Nur hier kann ich mich finden, das spüre ich. Ich *muß* den Badile nochmals besteigen, trotz Schnee, trotz mangelnder Form.

Vor uns sind zwei Seilschaften eingestiegen. Nun sind sie schon weit über uns, dort wo die Kante scharf wird. Ihre Stimmen zerfasert der Wind. Schnee liegt auf Griffen und Tritten, an seinen Rändern hat sich Eis gebildet. Einmal stapfen wir eine Seillänge durch knietiefen Pulverschnee, folgen der festgetretenen Spur. Die Zürcher Platte, die Rißverschneidung, Hartschnee im Grund, der Stand an der Kante, wo die Nordwestwand unter den Füßen abbricht. Jetzt erinnere ich mich genau, könnte die Sätze wiederholen, die ich damals meinem Freund zugerufen habe, und die Furcht vor der Tiefe ist da wie zwanzig Jahre früher. Zu viert sind wir hier hochgeklettert, vier Lehrlinge, die untereinander konkurrierten, sich gegenseitig messen mußten. Wenig später haben uns Streitereien auseinandergebracht. Wir haben uns aus den Augen verloren.

Unsere Bewegungen werden müde und langsam. Der Grat legt sich, versperrt den Blick zurück, hinab nach Bondo, wo du vielleicht jetzt vor dem Haus sitzt an der Sonne, den Rücken an einer Mauer, in deren Granitgefüge Glimmer aufblinkt, still sitzt du, eine Brille mit großen Gläsern verschließt dein Gesicht, ein Buch entrückt dich in eine andere Welt, deine Welt.

Könnte es ein Buch sein, das ich geschrieben habe? Vielleicht denkst du an mich, wenn du das Buch einmal sinken läßt und hinaufschaust zur Spitze, die für dich noch immer im Schatten liegt.

Stechschaufel. Badile.

Auf dem flacher werdenden Grat suche ich die Scharte, wo wir damals aus der Wand gekommen sind, wo wir in den Wind brüllten und winkten, zu den Ameisen hinab, die unten über den Gletscher davonzogen. Die Schwelle lag unter uns, Schwelle zum Leben habe ich sie in meinem Text genannt, Ungeheuer, schuppige Saurierflanke. So mußte einem Gefangenen zumute sein, der nach Jahren in der Zelle die Gefängnismauer überwunden hat und zurückschaut zur langen Front mit den vergitterten Fenstern und dahinter die andern sieht, wie sie ihn sehnsüchtig verfol-

Emil Zopfi   Die Stunden im Fels

sophie. Manchmal unterhalten wir uns auch über den Sinn dessen, was wir da tun in den Bergen, manchmal reden wir über Gott und die Welt, über Schein und Wirklichkeit. Doch jetzt ist dazu nicht der Moment. Wir parken bei der letzten Kurve. Aussteigen, Glieder strecken, frische Luft einatmen. Einen Apfel oder sonstwas kauen. Das Kletterzeugs in den Rucksack packen.

«Nimmst du ein Seil? Wieviele Friends? Jeder einen Satz Keile.»

Licht fällt in die Wände und Halden ob der Strasse. Es ist, als ob es über die Hänge herabrinne in hellen, klaren Bächen. Steil wird das werden, bis wir am Einstieg sind, Gras und Schutt. Irgendwo da oben zerschrundeter Fels mit gelben Ausbrüchen: der Glatten. Links einer tiefen Schlucht ein schlanker, grauer, senkrechter Pfeiler: Mauerläufer...

Heinz:
Zielstrebig beginnt Emil, den Hang zu queren. Am Anfang geht es leicht auf dem von Kühen ausgetrampelten Weglein. Die Wiese ist feucht, krautiger Heideruch steigt in die Nase und entzückt die verrussten Lungen des Städters. Ein kurzer Anflug von Übermut, am liebsten würde ich hinaufrennen. Die Kräfte scheinen unerschöpflich. Aber die Illusion dauert nicht lange.

Es wird steiler, unwegsamer. Die Turnschuhe halten schlecht auf dem nassen Gras. Dafür spürt man den Boden unter den Füssen und kann die kleinsten Unebenheiten ausnutzen, um genügend Tritt zu fassen. Es ist ein Frevel am alten Berglergeist, in diesem Gelände ohne festes Schuhwerk zu gehen. Aber bestraft wird nur, wer nicht aufpasst. Der Gewinn an Leichtigkeit erfordert Achtsamkeit. Es gilt die alte Zen-Weisheit, nur ein Ding auf einmal zu tun: Gehen.

Die Augen sind auf den Boden gerichtet, suchen unablässig die individuelle Ideallinie. Ein Etwas balanciert den Körper über die Hangneigung. Der Atem geht fliessend. Für einige Zeit vergesse ich alles, mich, den Klausenpass, die Zeit, das Leben, bin ganz Bewegung.

Immer karger wird die Wiese und steiler. Manchmal krallt man sich in ein Büschel Gras, um einen Tritt abzusichern. Rechts lässt uns ein ausgetrocknetes Bachbett leicht an Höhe gewinnen. Dann nimmt Gesteinsschutt überhand. Das feine Geröll ist zu meiden. Über die grösseren Blöcke kommt man wie über eine Treppe höher. Es braucht einen guten Blick und einiges Gespür, um zu wissen, welcher hält und welcher nicht.

Auf einem grösseren, plattigen Stein rutsche ich einen halben Meter zurück. Das stört den Rhythmus und kostet Kraft. Um mich herum ge-

rät das Geschiebe in Bewegung. Das Scheppern der Steine hallt in den Wänden, schreckt mich auf. Ich bleibe stehen. Nicht weit von mir sucht auch Emil den Halt auf den Blöcken. Schon tief unten winden sich die engen Kurven der Passstrasse. Schweisstropfen rinnen mir in die Augen. Das Herz klopft, jetzt spüre ich die Anstrengung des Aufstiegs. Es ist ein angenehmes und starkes Gefühl.

Ich schaue nach oben. Sogleich Stiche in der Magengegend. Wieder so eine Wand. Ungeheuer steil und abweisend, im oberen Teil brüchig. Wie kann ein Mensch nur auf die Idee kommen, hier hinauf zu wollen? Was haben wir hier verloren? Oder was haben wir verloren, dass wir in diesen überhängenden Fluchten etwas suchen? Auf die Lust an der Bewegung lässt sich das nicht reduzieren. Sind das etwa die letzten Abenteuer unserer Tage? Ein Ausbruch aus dem Marktbereich der Versicherungsgesellschaften?

Nein, sogar hier oben sind wir versichert. Und doch ist es etwas ganz anderes. Was hilft die Versicherungspolice gegen die Angst, fünf Meter oberhalb des letzten Hakens?

Die Fingerkuppen am dünnen Leistchen, die Gummisohle auf einem Minimum an Reibung, so werden aus diesen fünf Metern Abgründe. «Run-out» nennen wir das. Zur nächsten Sicherung nochmals zwei Meter, dabei scheint der nächste Zentimeter schon unüberwindbar. Auf was ich in diesem Moment gewiss nicht zähle – auf die Assekuranz. Am ehesten noch auf die Seile, aber mehr wäre theoretisch. Dieser Sturz wäre auf jeden Fall die Hölle. Niemand kann jetzt mehr helfen. Nun hängt alles an dir – du hängst im wörtlichsten Sinne an dir. Wer jetzt den Kopf verliert, der fliegt. Aber gewiss nicht wie ein Mauerläufer.

Die Angst ist der grosse Feind. Sie darf schon gar nicht aufkommen. Wegen ihr verkrampfen sich die Unterarme, obwohl zu Hause das Hängen am Türrahmen minutenlang möglich ist. Die Bewegungen werden hastig, unkontrolliert. Die Angst kommt, wenn das Selbstvertrauen schwindet. Ein gewaltiges Chaos entsteht in Geist und Körper, die Wand wird zum aalglatten Ungeheuer, das einen abzuwerfen droht.

Solches schiesst mir durch den Kopf. Erinnerungen an die vielen traumatischen Beinahe-Sturz-Situationen. Jeder Kletterer hat sie schon erlebt. Sie sind das Hässlichste am ganzen. Aber ich kehre nicht um. Vor mir die Wand, links der senkrechte Pfeiler, über den die Route führt. Noch einige Höhenmeter, dann beginnt die Zone. Ein Bereich, wo es geschehen kann, dass man hautnah erlebt, ob man mit den eigenen Grenzen umzugehen vermag.

Emil:

Ein kurzer, bröckliger Aufschwung führt an die Wand, ich klettere in Turnschuhen hinauf, finde den neuen, glänzenden Ring eines Bohrhakens. Der Rucksack, den ich ablege, verklemmt sich in einem Spalt, alles anhängen, jetzt nur nichts fallenlassen. Auf dem schmalen Gesimse, dicht nebeneinander, bereiten wir uns vor: Klettergürtel anziehen, was einige Verrenkungen bedingt, Karabiner, Friends, Klemmkeile anklinken und in die engen Slicks schlüpfen, ohne Socken, so dass sich zwischen Fusssohle und Fels nur noch eine dünne Gummischicht schiebt.

«Bist Du gesichert?»

Der Freund bindet sich ebenfalls fest, setzt dann schweigend seine Vorbereitungen fort. Wir sind uns sehr nahe, drängen uns fast aneinander, wie um uns Mut zu machen, ich rieche seinen Schweiss, die Hitze vom raschen, steilen Anstieg, spüre seine Spannung.

«Sieht... steil aus, nicht? Aber die Route ist klar...» «Dort, der erste Bohrhaken. Dann wahrscheinlich links.»

Weit oben, unter einem Dach eine Schlinge. Schon die ersten Meter werden schwierig sein, schon die ersten Schritte bis zum Bohrhaken. Einsam... einsam werden wir sein, in dieser senkrechten Wand, jeder wird für sich sein, allein mit seinen Schwierigkeiten, seiner Angst.

Ich bin froh, dass Heinz voraussteigt, dass er führt. Vor zwei Jahren war ich schon einmal an diesem Stand, kletterte mit Andres die normale Südwandroute, die rechts mit einem splittrigen Riss ansetzt. Damals hatte ich die Führung, Herrgott, mein Magen krampft sich zusammen, wenn ich an jenen Tag denke, Herbst wie jetzt, dunkelblaue Schatten im Tal und hier oben grelles Licht. Der abweisende Riss war leichter als er schien, doch rechts, in einer tiefen Schlucht, passierte der Unfall. Ein Stein, vom Seil ausgelöst, traf Andres am Kopf.

Nicht daran denken jetzt. Doch was willst du? Der Fels ist für mich wie ein Buch. Diese Bänder, Risse, Gesimse, Kamine, Dächer sind die Wörter einer ganz besonderen Sprache, sind Text, der mir unablässig Erinnerungen, Gefühle, Stimmungen, Bilder erzählt. Eine Sprache, die nur versteht, wer klettert. Die Route, der wir folgen, wird dadurch zu einem Drehbuch für die individuelle Geschichte, die jetzt noch vor uns liegt, die in einigen Stunden Teil von uns sein wird. Wie jene Geschichte, die vor zwei Jahren passierte...

Ich weiss, für die meisten Menschen ist eine Felswand eine einzige, graue, abweisende Fläche ohne Struktur, ein Chaos von unentzifferbaren Zeichen. Auch meine ersten Kindheitserinnerungen an das Glarnerland, das ich mit meinen Eltern oft besuchte, zeigen die Wände und

Steinhalden in dieser Weise: grau, unbegehbar, schrecklich. Erst die Erfahrungen, die unzähligen Besteigungen haben dieser Steinwelt Sprache verliehen, ihren Formen einen Sinn gegeben. Einen Sinn allerdings, der nur für mich allein seine Gültigkeit hat. Seit dreissig Jahren klettere ich nun. Jede Besteigung ist für mich eine Begegnung mit der Unendlichkeit meiner Erinnerungen. Wahrscheinlich ist Klettern ein Versuch, jung zu bleiben.

Heinz:

Mit Sieben minus werden die ersten zehn Meter bewertet. Niemand soll sich täuschen. So unkonventionell und locker Sportkletterer daherkommen, so traditionell-ehrfürchtig hängen sie an Bewertungen. Auch sie wollen ihre Leistung messen und sich vergleichen.

Zwei Bohrhaken sichern die Stelle ab. Sie glänzen in der Sonne, machen Mut, geben Auftrieb – das sollte gehen. Dort ein Griff, rechts ein Loch. Aber die Perspektive vom sicheren Stand täuscht oft. Auch hier. Ich stehe in der Wand und realisiere, wie senkrecht sie ist. Das Fingerloch, das von unten so griffig schien, fühlt sich rund an. Erstes Bestäuben der Finger mit Magnesia. Der weisse Stoff wirkt oft Wunder. Ich kann kaum den zweiten Haken einhängen, so sehr drängt mich die Schwerkraft nach hinten. Jetzt durchziehen, der

Körper versucht, sich der Felsformation anzupassen. Das Knie beinahe auf Kinnhöhe, das andere Bein hinausgespreizt gibt Gegendruck, links weit hinaufgreifen, die Wirbelsäule gerät in immer gedehntere Verwindung. Ein hastiges Tasten oberhalb – nichts. Der rechte Unterarm hat sich bereits verkrampft von der hohen Belastung. Zurück. Die erste Stelle habe ich unterschätzt. Das rächt sich sofort und unmittelbarer als im Leben. Sieben ist meine Grenze. Zurück, jede Bewegung in umgekehrter Reihenfolge.

Warum reisse ich mich nicht einfach am Haken hoch? Ist doch Blödsinn, sich die Sache noch zusätzlich zu erschweren. Wieder rechts das Fingerloch. Zittrig steh ich am Limit. Ich fluche. Aber schon der Gedanke, mich an den Haken zu hängen, erzeugt ein schlechtes Gewissen. Doch den kümmert das nicht, er lockt umso mehr. Solange es irgendwie geht, ist der Haken als Fortbewegungsmittel tabu. Keine künstlichen Hilfsmittel. Sportkletterethik. Vielleicht eine neue Ethik. Jedenfalls hat man sich jahrelang hemmungslos durch gewaltig überhängende Fluchten gequält, die nur durch grössten Materialeinsatz zu bewältigen waren. Als wollte man sich beweisen, dass auch das Unbezwingbare bezwingbar ist. Selbst die Vertikale beherrscht der Mensch. Hauptsache er kann herrschen, wo immer es ihm beliebt.

Nun ist auch der Mythos Berg, wie alle Mythen, dem neuen Mythos von der totalen Beherrschbarkeit der Natur zum Opfer gefallen. Der Berg ist kein Sitz von Göttern mehr. Das Faszinierend-Schauerliche ist verblasst. Die Frage, ob es wohl menschliche Vermessenheit sei, auf Gipfeln zu stehen, bewegt uns höchstens noch zu einem mitleidigen Lächeln. Auf Gipfeln finden wir es erhebend. Das hat nichts Furchterregendes. Wir glauben nicht mehr an den Zorn Gottes. Wir fürchten uns nur noch vor uns selbst. Der Berg ist ein technisches Problem, ein Ort für physischpsychische Exerzitien. Seit wir überall hochkämen, wenn wir nur wollten, hat es keinen Sinn mehr, Wände mit Haken zu bespicken. Es gibt keine Berge mehr, die man bezwingen kann. Nur noch sich selber kann man bezwingen.

Aber wozu, die alte Frage, sich selber bezwingen?

Ich habe die Stelle geschafft. Ohne Haken – frei. Ein Stück Freiheit. Mit eigenen Kräften und Möglichkeiten ist es gegangen. Ohne massive Eingriffe. Für kurze Zeit sind Grenzen gesprengt, sehe ich die Weite meiner Möglichkeiten. Meistens trauen wir uns aus Angst und Gewohnheit zuwenig zu. Daraus entstehen dann die Dämme gegen das Mögliche und das Verlieren im Unmöglichen, Lebensfeindlichen.

121

Stand! Ich ziehe das Seil ein, Emil kommt nach. Auch er stockt an der Stelle. Von oben, zwanzig Meter höher, sehe ich, wie er nach Griffen tastet. Sein Gesicht ist verkrampft. Der Alte hat Mühe. Das erfüllt den Jungen mit Stolz. Er fühlt sich stark. Nicht auf Kosten des andern. Den bewundert er nur noch mehr. Emil ist Schriftsteller geworden. Das war er nicht von Anfang an. Er hat die ausgetretenen Pfade verlassen, hatte den Mut, die üblichen Sicherheiten auszuschlagen und eigene Möglichkeiten zuzulassen. Jetzt hängt er an der Wand. Unsicherheit, wo ist der nächste Tritt? Die meisten seiner früheren Gefährten haben das Klettern aufgegeben. Natürlich – wozu sich noch zusätzlichen Abgründen aussetzen. Das Leben ist schon gefährlich genug. Jetzt haben sie festen Boden unter den Füssen. Vielleicht. Vielleicht gibt es festen Boden. Wenn es ihr Boden ist. Gewiss! Die Wand ist der Abgrund – aber auch der Griff.

Emil:
Diese ständige Angst, nach hinten wegzukippen, wenn sich deine Finger von der Schuppe lösen, an die du dich krallst, die schon schweissnass geworden ist und glitschig. Magnesia habe ich keines, das Säcklein, das ich mir vor drei Jahren kaufte, als ich im neuen Stil zu klettern begann, habe ich irgendwo verloren. – Lass dich

doch einfach einmal ins Seil fallen, sagt Heinz manchmal. Du bist gut gesichert, es kann dir nichts passieren. So wirst du die Angst verlieren.

Als ob ich nicht wüsste, wie das ist, wenn man ins federnde Nichts der Seile stürzt. Vor fünfundzwanzig Jahren, am Südwestpfeiler des Drusenturms, einer schrecklichen Route, klammerte ich mich an einen losen Griff, der abbrach, ich pendelte weg von der überhängenden Wand, hing im Leeren, vor zwei Jahren am Villigerpfeiler tauchte ich als Seilerster kopfüber weg... Eine Länge unter uns, am Stand, hatte ich damals Heinz kennengelernt, und trotz meinem Sturz schrieb er mir, er würde sich freuen, einmal mit mir zu klettern. Ein junger Sportkletterer, der Briefe schreibt, das gefiel mir. Seither klettern wir manchmal zusammen.

Doch noch immer klammere ich mich an die Schuppe, verkrampft und verkrümmt, taste den Fels ab nach Griffen, dort, wo ich die Magnesiaspuren erkennen kann, die Heinz zurückgelassen hat. Klammere mich schliesslich an den Haken, was soll's, Grossvater. Am internationalen Kletterturnier in Bardonecchia wirst du ohnehin nie teilnehmen. Sei zufrieden, wenn du die Wand überhaupt noch schaffst. Als du jung gewesen bist, durfte man sich durchaus an den Haken hochziehen, durfte sogar kleine Steigleitern einhängen. Trotzdem hast du jetzt ein schlechtes

Gewissen. Warum eigentlich? Deine alten Freunde fahren heute an den Strand oder züchten Rosen. So ändert sich die Zeit.

Fünf Meter höher springt ein gelblicher Dachüberhang vor, doch unter solchen Dächern finden sich oft gute Griffe, das lehrt die Erfahrung, aber dann. Heinz brauchte recht lange, bis er die Kante überwinden konnte. Ich werde also meine allerletzten Reserven einsetzen müssen dort oben. Je länger ich hänge, desto mehr Kraft verliere ich. Also los, Haken aushängen, es geht weiter, irgendwie.

Heinz:

Gedankenverloren stehe ich auf dem abschüssigen Band. Hier kann man wieder einmal recht stehen. Gleichwohl hänge ich leicht im Klettergurt und ziehe gemächlich das Seil ein, das mich mit Emil verbindet. Ich geniesse den freien Blick und die wohlige Wärme der Sonne auf der Haut. Über dem einsamen Firngrat des Clariden ragt das unbeschreibliche Blau des Himmels. Darunter die Abgründe der Nordwand, in deren dunklem Licht entblösste Eisfelder drohen. Tief unter mir die Geröllhalde, die von hier oben waagrecht erscheint. Im Tal herrscht sattes Grün. Dann und wann trägt ein leichtes Lüftchen Kuhglockengeläut herauf, manchmal ein Motorengeräusch. Sonst ist es still. Die Sonne steht im Zenit – ewiger Mittag.

Emil taucht auf. Wir teilen uns Eindrücke mit, schauen etwas skeptisch nach oben. Die Route ist klar, aber der Überhang sieht brüchig aus. Wir hängen die Seile um, tauschen das Material. Die Handgriffe gehen automatisch. Das ist Routine. Zum Gipfel sind es nur noch zwei Seillängen. Doch jetzt kommt die schwierigste.

Alles ging gut. Fliessend kam ich Meter um Meter höher. Am Überhang musste ich kurz in die Seile, weil mir ein Griff ausbrach. Jetzt bin ich schon einiges höher und bekomme plötzlich Probleme. Ich schaue hinab. Nach etlichen Metern verschwindet das Seil. Dort unten ist die letzte Sicherung. Hier ein Sturz, das müsste man sich mal vorstellen. Das wäre zuviel des freien Falls. Zwar ist da noch ein Friend dazwischen, aber der würde bestimmt nicht halten, so dünn, wie der aufliegt.

Aber warum mit dem Schlimmsten rechnen? Das macht alles nur noch schlimmer. Ich weiss, es gibt auch einen gefährlichen Optimismus. Der Optimismus des Nicht-Sehen-Wollens. Fortgesetzte Lebenslügen, weil man nicht mehr vermag, der Wirklichkeit ins Antlitz zu schauen. Feigheit vor der Veränderung. Auch hier oben wäre allzu viel Optimismus eine zwiespältige Sache. Wenn ich jetzt nicht klar bleibe und sehe, was ist, kommt es zur Katastrophe. Ich spüre die Panik in mir. Sie wächst, und der Horizont schwindet. An andern Tagen wäre ich vielleicht

hier nicht an der Grenze. Aber heute – ich bin
kein Profi. Da war zuviel anderes in letzter Zeit.
Die Prüfungen, die Ungewissheit danach, das
belastet. Auch da fehlt der Horizont und damit
der sichere Stand. Die Wand deckt die Schwä-
chen unerbittlich auf, unmenschlich wie sie ist.
Wer sich selbst verliert, gerät ins Nichts. Und wer
im Nichts ist, hat Angst vor dem Nichts. So ein-
fach ist das.

Nun ist aber nichts mehr einfach. Inzwischen
hat die Panik um sich gegriffen. Aber da es ein
Zurück nicht mehr gab, bin ich nochmals zwei
Meter hochgeschlichen. Jetzt ist der Haken in
Griffweite. Doch ich kann ihn nicht einhängen.
Meine Position ist zu labil. Wie in alten Zeiten
hänge ich den Finger in die Hakenöse. Die Ner-
ven flattern. Klug war das nicht. Solange der
Finger im Haken ist, geht der Karabiner nicht
rein. Jetzt hängt das Leben am Zeigefinger.

So kann das nicht weitergehen. Ich muss mich
nochmals zusammenreissen, Distanz zu den Vor-
stellungen und Emotionen gewinnen. Ich weiss,
was ich kann. Noch einmal suche ich eine gute
Stellung. Sorgfältig den Finger wieder aus dem
Haken. Gleichgewicht halten. Ganz sachte hin-
untergreifen zum Klettergurt, Karabiner aus-
hängen, einhängen. Gerettet.

Ich stosse einen Schrei aus. «Too much.»

«Da unten gehört ein Haken hin», rufe ich

Emil zu. Ich verschaffe mir Luft. Da ist Wut und Erleichterung zugleich.

Emil:

Die Stelle war schrecklich: auf den äussersten Spitzen der Schuhe tänzelnd, glaubte ich, endlich den Griff zu erreichen, doch da rieselte mir aus einem runden Loch nur Staub entgegen. Ich erinnere mich nicht mehr, wie ich trotzdem bis zum nächsten Haken gekommen bin. Heinz, wie hast du das nur geschafft?

Doch mein Freund klettert schon weiter, die graue, kompakte Wand hinauf, die unter ein weit vorspringendes Dach führt, den letzten Überhang. Ich kann ihm die Frage nicht stellen, kann ihm auch nicht sagen, wie sehr ich ihn bewundere. Auf dieser Route hätte ich als Seilerster keinen einzigen Haken erreicht.

Eigentlich sind wir beim Klettern immer allein. Die Dialoge am Stand drehen sich um naheliegende Dinge. «Gib mir noch zwei Expressschlingen!» «Hast Du eingehängt?» «Okay, ich geh jetzt.»

Keine Zeit für die grosse Philosophie, auch wenn ein Philosoph und ein Literat zusammen klettern. Die kleinen Dinge werden wichtig, ketten uns ans Leben. Karabiner, Haken, Schlingen. Das Sein oder Nichtsein beschäftigt uns nicht, wir sparen uns das für die Gartenbeiz. «Bist du gesichert?»

Heini, einer meiner ersten Kletterfreunde, stürzte zweihundert Meter in die Tiefe, weil er den Standhaken nicht eingehängt hatte. Wie ist das wohl, wenn man so stürzt, wenn man weiss, dass es die letzte Sekunde ist, bevor das Bewusstsein wegtaucht, wenn das Geröll da unten langsam auf einen zufällt? Manchmal stelle ich mir diesen Tod vor, Heinis jungen Tod.

Doch die zwei soliden Bohrhaken, an denen ich hänge, beruhigen mich, nehmen dem Abgrund den Schrecken. Selbst einen stürzenden Elefanten würden die halten, die Erstbegeher haben sich Mühe gegeben beim Einrichten. Sogar die runde Büchse mit dem Wandbuch ist eingebohrt. Wir haben daraus erfahren, dass wir die achte Begehung der Route gemacht haben. Gemacht?

Noch nicht ganz, noch fehlen fünfzig schwere Meter, doch das gute Gefühl stellt sich ein, dass wir es schaffen werden.

Heinz verschwindet um die Kante des Überhangs, dann laufen die Seile schnell. Ich lehne mich in die Sicherung wie in einen Liegestuhl, schüttle die Füsse aus, lasse die Arme locker hängen. Sonne, Wärme, Fels und irgendwo das Geräusch fallender Steine. Nach dem totalen Hier und Jetzt der Kletterstelle, nach der äussersten Konzentration, holt mich die Vergangenheit wieder ein am Stand. Die blauschwarze Kälte der Claridenwand im Rücken erzählt von meinen

Eltern, die einmal ausgezogen waren, nur mit Bergstöcken ausgerüstet, um jenen Gipfel zu besteigen. Später war dann Vater einsam über die Gletscher rund um den Tödi gewandert, bis ich gross genug war, um ihn zu begleiten. Und vor vielen Jahren hatte ich mit drei Freunden auf dem Klausenpass gezeltet, Pickel, Steigeisen, Eishaken hatten wir dabei, um die Clariden-Nordwand zu besteigen, doch am Morgen regnete es. Vorbei.

Die Seile sind straff, ich löse die Sicherung. Verdammt, ist die Wand noch steil und glatt. Mit den Füssen klettern, sage ich mir, langsam, sauber noch die letzten Meter, auch wenn die Tritte immer noch winzig und abschüssig sind. Nichts wird dir geschenkt, kein Schritt ist leicht.

Dann stehe ich oben auf einer flachen Kuppe neben dem Steinmann, Heinz löst einige Meter tiefer die letzte Sicherung. Ein Gipfel ist das nicht, sondern eine felsige, spärlich bewachsene Hochfläche. Das dürre Herbstgras duftet, die Büschel gleichen strohgelben Flammen im grellen Licht.

Diese ersten Minuten an der Sonne, nach einer schweren Wand, sind die intensivsten und schönsten Augenblicke im Leben. Die herben, felsigen Karrenfelder wirken unglaublich sanft und heiter. Nachher müssen wir wieder hinab in die Wand, fünfmal abseilen, ein Horrorgedanke, den ich wegschiebe. Ich will mein Glücksgefühl festhalten, so lange es geht, will an nichts anderes denken als an den leichten Wind, der über die Gipfelfläche des Glatten streicht, ans Licht, an die Sonne, an die Dohlen, die vor unseren Füssen landen, an einen Schluck aus der Flasche – nicht an das, was kommt, was mich erwartet, was mich fordert.

Heinz:

Es ist ein herrliches Gefühl, oben zu sein und barfuss im Gras zu stehen. Wir lachen uns an, geben uns die Hände, um uns zu gratulieren. Vieles am Bergsteigen ist anders geworden, der Händedruck auf dem Gipfel ist geblieben. Er ist keine abgegriffene Geste. Durch ihn teilen wir uns etwas mit, was Worte nicht erreichen können. Für Momente sind wir gemeinsam glücklich, erfüllt und dankbar.

Viel Zeit zum Rasten haben wir nicht. Die Tage sind kürzer geworden, und noch steht uns der Abstieg bevor. Die warme Sonne kann mich nicht täuschen. Die Luft ist zu klar, die Farben sind zu intensiv. Der Sommer ist vorbei. Die Zeichen des Herbstes mehren sich. Gelbliches Gras wiegt leise im Wind. Überall werden die Spuren der Vergänglichkeit offenbar. Ich friere nicht, aber ich spüre die Kälte. Bald liegt Schnee. Dann wird das einsame Hochplateau noch einsamer sein.

Nur widerwillig gehen wir nochmals in die Wand. Aber der Abstieg durchs steile Geröllcouloir ist zu mühsam. Man muss sich innerlich einen Ruck geben, um hinauszuliegen und sich ganz den Seilen anzuvertrauen. Mein Instinkt wehrt sich gegen diese Fortbewegungsart. Nochmals wirkt die Steilheit der Wand. Die Seile hängen frei in der Luft, erst dreissig Meter weiter unten berühren sie wieder den Fels. Dort muss der nächste Abseilhaken sein. Langsam, Seillänge um Seillänge, gleiten wir hinab, entfliehen der entsetzlichen Tiefe.

Ich fühle mich leicht, die Welt lächelt. «Fräulein, zwei Bier.»

Ich weiss, eigentlich gibt es gar keine Fräuleins mehr. Aber wie soll man sonst rufen in einer Gartenwirtschaft?

Von unserem Tisch aus sehen wir in die Jägerstöcke. Das sind gewaltige Felszonen, durchschnitten von tiefen Schluchten. Wir schauen hinauf zur plattigen Gipfelregion, wo die Sonne noch immer den Fels beleuchtet. Wir rätseln, ob da wohl Möglichkeiten wären. Dabei sieht jeder in den Strukturen der Wand seine Route, die Linie, die er ziehen würde. Das drängt sich einfach auf. Bislang konnten wir nicht anders.

Emil Zopfi

Emil Zopfi, geboren 1943 in Wald ZH. Laufbursche und Lehrling, danach Studien der Elektrotechnik am Technikum Winterthur, wissenschaftlicher Mitarbeiter am Institut für physikalische Chemie der ETH Zürich, dann Umstieg auf die EDV und heute freischaffende Tätigkeit als Schriftsteller und Erwachsenenbildner für Informatik und Sprache.

Neuere Publikationen: 1986 Die Wand der Sila, Bergsteigerroman; 1988 Die elektronische Schiefertafel.

Alpinistische Vergangenheit: Alpinist und Sportkletterer seit 1960, viele klassische Besteigungen wie Badile Nordostwand, Salbitschijen Westgrat, Capucin Ostwand, Grosse Zinne Nordwand, Sportkletterrouten in Südfrankreich, im Grimselgebiet und am Klausenpass seit 1984.